회사라는
동물원에서
살아남기

회사라는
동물원에서
살아남기

초판 1쇄 인쇄 2008년 6월 27일
초판 1쇄 발행 2008년 7월 20일
지은이 리처드 스케이스
옮긴이 이수옥
펴낸곳 황금비늘
펴낸이 손상열
디자인 최지애
등록번호 제 315-2003-19호
등록일자 2003년 11월 1일
주소 서울시 구로구 구로5동 107-8 미주오피스텔 2동 808호
전화 02)323-7243 | 팩스 02)323-7244
e-mail foxshe@hanmail.net
ISBN 978-89-91013-10-0 13320

ⓒ리처드 스케이스

회사라는
동물원에서
살아남기

리처드 스케이스 글 | 이수옥 옮김

황금비늘

이 책은 상당히 특이한 책이다. 반드시 처음부터 끝까지 정독하지 않아도 된다. 여러 개의 짧고 독립적인 부분으로 이루어졌으므로, 각 부분을 개별적으로 읽어도 상관없고 연결해서 읽어도 된다. 예를 들어 버스나 기차를 기다리는 동안 어느 부분이든 펼쳐들고 읽어 내려갈 수도 있고 기내에서 처음부터 끝까지 전체를 읽을 수도 있다. 이 책은 캡스톤 와일리(Capstone Wiley)의 막 앨린(Mark Allin)의 제안으로 세상에 나오게 되었다. 여러 차례 나의 프레젠테이션을 본 그는 내 생각을 책으로 써야 한다고 제안했다. 이 책에 담겨있는 아이디어 중 상당부분을 경제사회연구소(Economic and Social Research Council)의 영국가구조사연구(British Household Panel Study)에서 수집된 데이터를 분석하는 과정에서 얻을 수 있었다. 그러나 기본적으로 이 책은 대규모 기업 변화와 연관하여 사람들이 직면한 여러 가지 어려운 문제들을 다루어야 하는 고위 또는 중간 경영자들을 위해 씌어졌다. 기술의 변화로 기업 운영 방식이 변화하고 있듯이 종업원, 소비자, 시민 등 사람들의 태도와 가치관도 변하고 있다. 이런 변화가 인터넷만큼이나 기업에 막대한 영향을 미치는 혁명으로써 전진을 계속하고 있다.

지난 몇 년간 여러 가지 아이디어로 나를 자극해준 여러 공기업과 사기업의 기업대표에게 감사드린다. 캡스톤의 막 앨린과 워드 프로세싱에 도움을 준 니콜라 시몬스(Nichola Simmons), 그리고 나의 프레젠테이션과 이 책의 도표활용을 위해 지원을 아끼지 않은 레이 뉴샘(Ray Newsam)에게도 감사를 표한다.

리처드 스케이스

♣♣ 차례

회사라는
동물원에서
살아남기

세계화에 따른 변화

정보통신 기술의 혁명이 세계 경제를 재편하고 있다. 이러한 변화의 물결은 각 국가의 경제와 정부의 역할, 사람들이 일하고 살아가는 방식까지도 함께 변화시키고 있다. 아프리카 남부의 외딴 마을에 사는 사람이든 세계 중심의 대도시에 사는 사람이든, 누구도 이런 변화의 추세에서 자유롭지 못하다. 우리가 일상생활에서 사용하는 제품이나 직장에서 사용하는 기술과 기기들이 모두 기술 혁명과 세계화에 의해 직간접으로 영향을 받는다. 기업들은 유럽에서 설계하고, 미국 회사의 동남아시아 생산 공장에서 제조한 자동차를 몰고 다닌다. 국내 기술로 만든 제품이라도 부품은 전 세계에 분포한 여러 납품업체들이 공급한다. 인터넷과 인터넷 의사결정을 통해 이 모든 기업 활동이 연결된다.

경제 사이클도 이제는 더 이상 한 국가의 경제로 제한되지 않는다.

지역 무역 블록들, 국제 통화 시장, 세계 주식 시장의 역할은 국가간의 의존성을 더욱 강화시켰다. 미국의 경기침체는 즉각 세계 전체에 반향을 일으킨다. 세계화 과정의 일환으로 다국적 기업들(주로 미국 기업들)의 지배력이 커지고 있으며 그들의 힘이 개인의 경제 환경에서도 중요한 역할을 하고 있다. 예를 들면 샌프란시스코나 시카고, 뉴욕에 있는 기업의 구조조정은 멀리 멕시코와 스코틀랜드, 스웨덴, 태국에서 즉각 대량 실업이라는 결과를 낳을 수 있다. 동시에 국내 소비 감소로 인해 여러 중소업체들의 생존에도 커다란 영향을 미친다.

마찬가지로 동물원 같은 기업 환경에서 성공하고 살아남는데 필요한 기술도 이러한 세계적 변화의 큰 흐름에서 벗어날 수 없다. 정보통신 기술의 폭발적 발전과 운송 시스템의 혁명, 기업 표준화는 세계의 생산 기지를 중국 남부와 동남아시아로 옮겨놓는 결과를 초래했다. 유럽과 미국의 종업원들이 사용하는 기술은 급속도로 팽창하는 정보와 지식 기반 산업에 필요한 것들이다. 이 기술들은 소매업이나 서비스업, 공공 보건 복지 분야에도 필요하다. 세계화와 정보통신의 혁명에 따라 필요한 기술 조건이 변하면서 교육 시스템도 그와 같은 변화에 맞추어 나가지 않을 수 없게 되었다.

사람들의 여가 활동도 달라졌다. 유럽에서 사용하는 여가 활동 기기들이 대개 극동지방에서 만들어진다. 예를 들어, 바비큐 기기와 정원용 가구, 화분 등은 중국에서 만들어지고, 스테레오와 텔레비전, 기타 가전 제품은 한국과 말레이시아, 대만에서 생산된다. 그러나 그 내용물인 음악과 텔레비전 프로그램, 영화는 주로 미국회사들의 생산물이다. 하나의 지구촌을 만들어낸 공신은 미디어이다. 전 세계에 걸친 라디오와 텔레비전의 규제철폐와 민영화가 다국적 기업들이 이용할 기회를 마련해주었다. 그 결과 특히 젊은 층에서 지구촌 시민을 탄생시켰다. 각 나라마다 자국의 연예 스타들이 있겠지만 세계화된 통치구조에서 허리우드 영화 스타들과 미국 대중음악 스타들의 영향력은 막강하다. 국가간의 문화적 다양성은 남아 있겠지만 골프와 주가, 인터넷, 차세대 휴대폰 기능 등을 공통의 화제로 삼는 기업 엘리트들의 라이프스타일은 동일해지고 있다.

오늘날 미국과 유럽의 젊은이 가운데 15% 정도가 대학 교육을 받는다. 그들의 목적은 지식 기반의 지구촌 경제에서 고소득자가 되는데 필요한 기술을 배우는데 있다. 또한 방학을 이용해 해외를 여행한다. 그들은 시간대와 국경을 비행시간으로 이해하는 지구촌 시민들이다. 해외여행을 통해 그들은 국가간의 문화적 차이뿐 아니라 국경을 넘나들며 세계를 하나로 묶어주는 힘도 목격한다. 그들은 글로벌 기업들이 전 세계에서 어떻게 다양한 일과 라이프스타일을 만드는지도 이해한다. 대다수에게 이러한 과정은 수용 해야 할 대상이 되고 어떤 사람들에게는 저항과 배척의 대상이 된다.

세계화는 모든 사람의 개인적 인간관계도 변화시키고 있다. 지난 50년간 세계 경제 발전은 국가간의 대규모 인구이동을 초래했다. 그 결과 가족 내에 문화적 배경이 다른 아들이나 딸, 형제, 자매, 손자, 입양

자녀 등을 두는 일이 흔해졌다. 지구촌 사회의 이러한 모습은 그것이 국가와 지역의 편협주의를 깨버렸다는 것이다. 동시에 세계화의 지방 분권화 효과로 인해 사람들의 라이프스타일은 더욱 다양해졌다. 사람들은 직장에서 유사한 기술을 사용하는 글로벌 시민이 되었다. 일상생활에서도 동일한 연예계 스타들을 숭배한다. 그렇다고 모든 사람이 다 같지는 않지만 이상하게도 세계화는 개성과 문화적 다양성을 더욱 증폭시켰다. 소비 패턴이나 개인적 인간관계, 그리고 라이프스타일에서 우리는 더 많은 선택을 향유한다. 우리가 서로 더 유사해질수록 서로 더 달라지고 있음은 역설이 아닐 수 없다.

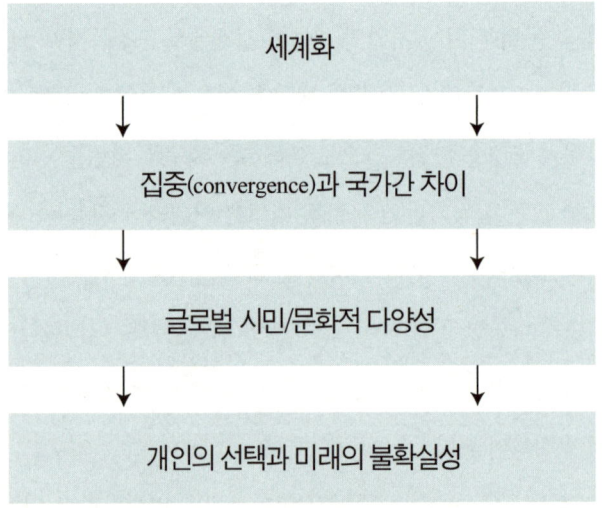

본질적으로 집중, 세계화, 지구촌의 등장은 미국화(Americanisation)의

과정이다. 동남아시아도 상품을 생산하고 유럽에도 고유의 산업분야가 있지만 세계경제를 좌지우지하는 조종사는 세계 최대의 경제규모와 세계 대기업의 대다수를 갖고 있는 미국이다. 이 기업들은 20세기 후반부에만 인류 전체가 1950년까지 만들어낸 것보다 더 많은 부를 창조했다. 이 추세는 앞으로도 계속될 뿐만 아니라 더 빠른 속도로 전개될 것이고, 맨하탄의 참극이 보여주었듯이 이 부의 창조 과정에서 소외된 사람들의 분노는 더욱 커질 것이다.

∷ 글로벌 세계와 경쟁하는 경제활동 중심지역

우리 생활은 세계화의 힘에 의해 결정되고 있다. 세계화의 힘은 일과 라이프스타일에서 여러 측면으로 표준이 되고 있지만 동시에 개인의 기회와 생활에서 국가, 지역, 지방에 따른 차이를 만들어내고 있다. 글로벌화 된 세계는 국제적으로 분업이 이루어진다. 국제적 분업은 경제 성장과 개혁을 위해 외국직접투자를 유치하려고 각 국가들 간의 경쟁으로 국가간의 차이를 심화시킨다.

로우테크(low-tech) 산업은 주로 동남아시아에 위치하며 앞으로는 중국 남부로 이동할 것이다. 낮은 임금과 유리한 정부 환경, 노조의 저항을 피하기 위해서이다. 그러나 정보통신 기술혁명의 결과로 실시간으로 운영되는 글로벌 서플라이 체인(global supply chain) 없이는 불가능하다.

인터넷 기술을 발전시킨 주인공들이 전 세계에 분포한 납품업체 체인을 효과적으로 관리해야 했던 다국적기업들이라는 사실을 우리는 쉽게 간과하는 것 같다. 앞으로도 인터넷 사업의 성장은 미덥지 않은 B2C(Business to Customer:기업이 소비자를 대상으로 하는 인터넷 상거래)보다는 B2B(Business to Business:기업이 기업을 상대로 하는 인터넷 상거래) 거래를 주도할 것이다.

경제 활동은 언제나 특정 지역에 집중됐다. 과거에는 그 지역이 원자재, 에너지원, 운송 시설을 제공할 수 있는지가 중요한 결정 요인이었다. 미국과 유럽의 산업혁명이 바로 이러한 예로 그 결과 피츠버그, 시카고, 글래스고우, 알사스 로렌, 루르 밸리와 같은 도시들이 경제 발전을 이룩했다.

오늘날 경제활동 장소의 결정에서 달라진 점은 지역적 요인이 아니라 글로벌 요인에 의해 결정된다는 것이다. 예를 들어 한 지역에서 그 지역 출신의 기업가가 지역 경제에 도움이 되는 시장 기회를 결정하기 보다는 세계무대를 누비는 대기업의 최고경영자가 지역 경제에 중요한 결정을 내리게 된다. 오늘날 글로벌 기업의 자본가들은 과거 기업가들이 지역 사회에 대해 느꼈던 친근함이나 사회적 책임을 전혀 느끼지 않는다. 단기 계산에 따라 수익창출 기지가 세워졌다 폐지되므로 근로자들의 불안감을 조성한다. 이러한 현상은 성장가도를 달리는 기업에서도 발생한다. 2000년과 2001년에 기술, 미디어, 통신 회사에서 감원된 사람들의 수만 보아도 현재 모든 직장인들이 겪는 불안감을 이해할 수 있다.

경제 집중 현상과 함께 국가 경제도 특정 활동에 집중하면서 더욱 특화되고 있다. 미국과 유럽은 하이테크와 정보 서비스에 집중하고 있는데 이들 경제 성장 주도자는 특정 지역에 집중되어 있으며 이 지역들은 국경보다 더 뚜렷하게 구분된다. 다시 말해서 한 국가 내에서 경제 집중지가 뚜렷하게 그 모습을 드러내고 있다. 캘리포니아와 보스턴 인근지역이 정보통신 산업의 중심지이며, 벨기에의 앤트웝-브리셀, 스웨덴의 스톡홀름, 영국의 템즈 밸리도 마찬가지다. 세계를 무대로 신속하게 움직이는 경제활동의 가장 좋은 예가 소프트웨어 산업이다. 그러나 아일랜드의 더블린 주변에는 국내 기업의 필요에 맞게 상품과 서비스를 '로컬라이즈(localize)' 하면서 기술 집중지가 형성되었다.

세계화

✔ 산업화된 선진국(OECD)
  ─3억 5000만이 고용된다.

✔ 개발도상국
  ─앞으로 20년간 일자리를 찾는 실업자가 7억 명 증가할 것이다.

세계 경제 성장의 80%가 20대 경제부국에서 이루어진다.

인터넷으로 연결된 세계는 선진국과 개발도상국을 구분하는 전통을 폐지했다. 인도가 그 좋은 사례이다. 인도의 소프트웨어 산업 수출은 2008년까지 900억 달러로 성장할 것으로 예상된다. 머지않아 인도에서 기술을 전공한 졸업자 수가 영국 전체 인구보다 커지게 될 것이다. 인도의 소프트웨어 산업은 방갈로(Bangalore)와 하이드라바드

(Hyderabad)에 집중되어 있으며, 그 지역의 전통적인 농업 형태와 생활 방식은 수세기동안 비교적 변함없이 이어지고 있다.

유럽과 미국 회사들이 백-오피스(back-office) 정보 처리 기능을 가나의 아크라(Accra)에 집중시키면서 이곳에도 유사한 패턴이 나타나고 있다. 중앙아메리카에서는 코스타리카의 소프트웨어 수출액이 커피 매출액을 앞질렀다. 러시아의 시베리아 지방에서는 독일 기업들이 소프트웨어 디자인을 아웃소싱하면서 노보시버스크(Novosibirsk)가 소프트웨어 중심지로 부상하고 있다.

이렇게 서로 연결된 세계에서 각 지역과 도시들은 세계적 대기업으로부터 수주하기 위해 서로 경쟁한다. 직간접으로 우리의 일자리와도 연계되는 경제활동 집중지역의 위치 결정은 여러 가지 요인에 의해 결정된다. 영어 능력이 한 가지 중요한 변수이며, 인도가 이 점에서 큰 점수를 따고 있다. 한 국가의 교육 시스템이 배출한 두뇌들을 낮은 임금에 이용할 수 있는가는 중요한 결정 요인이다. 또한 이 외에도 세제 혜택과 기타 지원 조건들을 가지고 서로 경쟁한다. 고등교육을 받은 근로자를 구매하는 바이어로서 기업들은 세계 어디든 골라서 선택할 수 있다. 그러나 과거의 국내 기업가들과는 달리 특정 지역에 대한 이들의 책임감은 기껏해야 일시적이거나 단기적이다. 스코틀랜드의 모토롤라 직원들과 유럽 여러 나라의 에릭슨 직원들이 최근 몇 년 간 경험한 것이 좋은 예이다.

경제활동 집중에 따른 지역 특화는 국가 경제에도 분업을 출현시켰다. 미국과 유럽, 중국, 러시아, 극동 지역과 중앙아메리카에 모두 해당된다. 그 결과 직업 간에 경제적 불평등이 나타나고 있으며 지역 불균형을 초래한다. 여가 시설과 복지 시설의 공급에 차이를 만들기 때문에 국내 또는 국제 인구 이동 패턴이 형성된다. 캘리포니아는 계속해서 성장하고 있으며 영국 남동부와 스칸디나비아의 말모-코펜하겐(Malmo-Copenhagen)도 마찬가지다. 그러나 이들 지역 외에는 쇠퇴하여 빈곤, 경제적 의존, 사회적 소외 등 문제를 낳고 있다. 정부의 높은 세금 정책과 사회 통합정책을 대기업에서 수용하지 않는다면 각 나라의 정부는 얼마나 오랫동안 빈곤계층과 소외계층의 압력을 버틸 수 있을까? 글로벌 시대에 국가 경쟁력을 유지하기 위해서 각 정부가 할 수 있는 일은 수동적으로 인프라를 제공하는 역할로 낮아졌다. 글로벌 경제에서 '제3의 길'은 없는 듯하다.

바뀌는 세계 경제의 환경

- 싱가포르 — 부가가치 물류
- 이탈리아 — 디자인
- 인도 — 소프트웨어
- 아시아 — 제조업
- 미국 — 정보 서비스
- 아프리카 — 미가공품과 농업
- 남아메리카 — 미가공품과 제조업
- 유럽 — 하이테크
- 중동 — 석유 자본과 지적 자본

글로벌 서플라이 체인에서 지역 특화와 국가 특화의 양상

◼◼ 글로벌 시대의 새로운 저항

다국적 기업들과 세계적 미디어 산업, 그리고 글로벌 서플라이 체인의 성장은 세계 경제 통합을 주도해왔다. 새로운 기업 모델의 등장으로 전통적 기업 구분과 분업은 이제 더 이상 어울리지 않게 되었다. '소기업'과 '대기업'은 이제 경제활동 구분의 척도가 되지 못한다. 소기업과 대기업 모두가 국제 상거래활동에 참여하기 때문이다. 소규모 회사들도 국제 거래를 할 수 있고 글로벌 브랜드인 다국적 기업들은 지역별로 자체 권한을 갖는 분산된 사업 단위로 활동한다.

글로벌 경제에서 기업들은 아주 빠르게 움직인다. 기업들은 해당 국가 정부가 주는 인센티브 환경에 따라서 활동 근거지를 신속하게 이동시킨다. 기업들에게 매력적인 인프라와 인적 자원, 재정 환경을 제공하여 국가의 경쟁력을 높이는 것이 정부가 해야 할 책임이 되었다. 그 결과 국가 정부의 위치도 달라졌다. 20세기 국가 정부는 경제 성장과 고용 기회를 주로 제공하는 역할을 했지만 지금은 경제성장과 고용기회의 촉진제 역할을 한다. 여러 산업분야의 민영화와 규제철폐가 바로 세계화의 힘에 의해 이루어진 변화의 직접적 결과이다.

이러한 변화로 개인들은 엄청난 불안감과 초조감을 느낀다. 이것은 과거 경제 환경과는 크게 대조되는 것이다. 20세기 초에도 대기업들이 성장했지만 당시 기업들은 국가의 자원과 노동력, 운송 시스템을 보고 사업 장소를 정한 제조업 회사들이었다. 이러한 요소들 때문에 그들의 위치는 상당히 고정되어 있었고 이동 가능성도 매우 적었다. 정보통신 기술과 세계적 운송 시스템이 발전하지 못했기에 이러한 모습은 지속될 수 있었다. 생산 활동의 집중화는 노조 운동과 근로자 계층의 의식, 사회민주주의 정당의 성장을 가져왔다. 러시아에서는 공산주의 혁명이 발생했고 그 뒤를 이어 중부유럽 국가에서는 국가 사회주의가 실시되었다. 기타 유럽 지역에서는 노동자 연대가 생산 수단을 국가가 소유하든지 아니면 강도 높은 정부 규제를 통해 자본주의 기업들을 규제할 것을 요구하였다.

지금의 글로벌 경제 환경에서는 자본의 이동성과 동남아시아로의 생산 기지 이동이 이러한 노동자 연대 운동의 토대를 파괴했다. 미국과 유럽에서 대규모 생산 시설들이 쇠퇴하면서 노조와 기타 집단행동의 가능성은 약화되었다. 이러한 정보 기반 경제의 결과로 개인주의 문화가 확산되었고 사람들은 더 이상 다른 사람들의 지원에 의존할 수 없게 되었다. 21세기 기업 동물원에서는 스스로 자신을 돌볼 수밖에 없게 되었다.

오늘날의 회사원들은 한 회사에서 다른 회사로 신속하게 움직일 수 있도록 이동 가능한 기술을 필요로 한다. 펜실베니아에서 캘리포니아로, 함부르크에서 본으로, 리버풀에서 런던으로 이동하면서 직장을 바꾸어야 하는 사람들에게 지속적인 평생 학습은 가장 중요한 일이 되었다. 종업원들은 기업의 의사 결정에 따라 생활이 변화할 수밖에 없다는 불안감을 지속적으로 의식하게 된다. 스웨덴 북부지방에서 최근에 있었던 한 사건이 이를 아주 잘 보여준다. 한 작은 마을에서 한 기계공이 혁신적인 벌목 기계를 개발했다. 그는 그 마을에 공장을 세웠고 마을 노동력의 거의 전부인 60명을 고용할 정도로 공장을 키웠다. 5년 전, 캐터필러(Caterpillar)사가 더 많은 사람을 고용하겠다는 약속과 함께 그 회사를 인수했다. 그러나 인수 2년 후에 캐터필러는 그곳의 공장을 폐쇄하고 다른 곳으로 공장을 이전했다.

세계화는 개인에게 이동성과 발전의 기회를 제공한다. 보다 나은 일자리를 찾으려고 사람들은 국내외로 이동한다. 지난 10년간 유럽연합으로 유입된 인구는 매년 평균 백만 명이었다. 멕시코에서 캘리포니아로 많은 사람들이 이주하면서 캘리포니아의 기업 문화와 정치 문화가 변하고 있다. 스페인어 사용 인구의 증가는 벤처기업들에게 기회를 제공하고 동시에 대기업 인사관리의 성격을 변화시키고 있다.

그러나 역설적이게도 세계 경제 질서 통합의 힘이 새로운 형태의 저항을 불러오고 있다. 인터넷으로 연결된 세계에서 개인들의 저항이 세계적 파장을 일으킬 수 있는 가능성은 아주 커졌다. 1999년 필리핀의 한 십대가 만든 '러브 버그'가 세계 주요 기업들의 소프트웨어에 장애를 일으켰다. 인도의 소프트웨어 엔지니어들이 임금 인상을 요구하며 미국과 영국의 은행 시스템을 마비시킬 날이 얼마나 멀리 있을까? 인터넷으로 연결된 현대 세계의 패러독스는 개인들이 대기업의 행동에 따라 상처를 받을 수 있는 만큼 대기업들도 개인의 행동에 의해 상처 입을 수 있다는 점이다. 개인 소수의 저항이 대기업을 무릎 꿇게 할 수도 있다. 과거 노조들의 호전성은 정보 시대에 컴퓨터 기술을 갖춘 노조들의 능

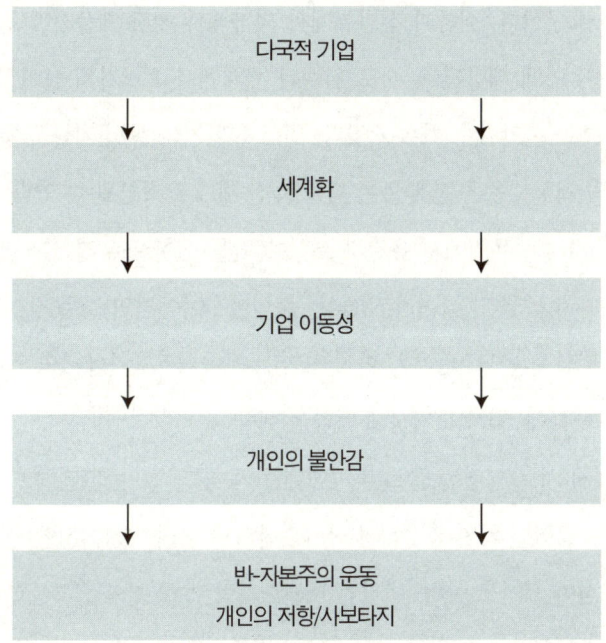

다국적 기업

↓   ↓

세계화

↓

기업 이동성

↓   ↓

개인의 불안감

↓   ↓

반-자본주의 운동
개인의 저항/사보타지

력에 비하면 아무 것도 아니다. 국제 테러리스트가 맨허턴의 주요 금융
센터를 목표로 할 때 초래할 수 있는 결과를 생각해 보면 알 수 있다.

이런 면에서 기업 브랜드의 의미는 매우 크다. 많은 사람들에게 코
카 콜라, 맥도날드, 제너럴 모터스, 포드는 세계화의 상징, 아니 보다 정
확하게는 미국 지배의 상징으로 인식된다. 환경을 파괴하고 세계의 노
동력을 착취하고 세계의 지속가능성(global sustainability)을 저해하는
대표적 기업 브랜드로 인식된다.

고학력 인적 자원을 갖춘 미국과 유럽의 정보 경제 소비자들은 자신
들이 구매하는 상품의 성격에 대해 더 많은 정보를 요구한다. 이 소비자
들은 상품의 원산지, 성분, 그 제품의 생산 조건이 투명하고 추적 가능

할 것을 요구한다. 식품과 신발류에서 의약품과 전자 제품까지 광범위한 상품이 이에 해당된다. 서로 연결된 세계에서 소비자의 불안심리가 기업에 주는 불안감은 매우 커졌다. 인터넷과 기타 통신 기술을 통하여 소비자의 저항운동은 전례 없는 속도로 전 세계로 확산될 수 있다. 모산토(Mosanto)는 유럽에서 유전자 조작 농작물 실험으로 결국은 타격에서 회복하지 못했다. 나이키(Nike)는 동남아시아에서의 노동 착취로 끊임없이 비난을 받고 있으며, 화이자(Pfizer)는 아프리카에서의 약품 판매 방식 때문에 회사의 명성에 먹칠을 했다.

이렇게 서로 연결된 글로벌 시대에는 시애틀, 런던, 고텐베르그, 제노바에서 열렸던 기업 총수들과 국가수반과의 회의가 직접적인 정치 행동의 초점이 되기도 한다. 대기업 브랜드처럼 이런 회의들도 통합과 세계화를 주도하는 지배적인 힘을 상징한다. 21세기 새로운 경제 질서는 이러한 회의를 필요로 하며, 이 회의들은 미국 정부의 꼭두각시가 아닌 효과적인 국제 규제 기구의 필요성을 보여준다. 미국 정부의 자금 지원은 궁극적으로 강력한 경제 압력집단의 로비에 의존하기 때문이다. 그렇지 않으면 젊은 지구촌 시민들은 새로운 세계 경제 질서를 '무질서한' 것으로 생각하고 직접적인 저항 운동을 더욱 강화할 것이다.

세계화 속에 재편되는 기업

세계화는 기업의 성격을 변화시키고 있다. 이러한 변화는 기업 스스로와 끊임없이 변하는 시장에서 다른 기업들과의 관계에서도 나타난다. 고객과의 관계, 제조회사, 납품회사, 소매업자간의 파트너십이 인터넷 기술을 매개로 재편되고 있다.

인터넷 기술은 납품업체와 제조회사, 소매업자가 혁신적인 상품과 서비스 개발에 서로 협력할 수 있게 해준다. 소매업자에게 저비용의 효율적인 재고 관리 시스템을 제공하고, 제조회사에게는 경제적인 생산 시스템을 제공한다. 이러한 요소들은 유연한 조립 과정과 결합하여 글로벌 기업들이 원하는 상품을 생산할 수 있게 해준다. 예를 들어 자동차를 살 때, 소비자는 자신이 필요로 하는 사양을 제시하여 주문한다. 그러면 자동차 소매업자는 이 주문을 제조사에 전달하고, 제조사는 전 세계에 분포되어 있는 납품회사들에게 부품을 주문하여 생산 스케줄을 잡는다.

식품 소매업에서는 구매 패턴이 계절의 제약을 받지 않게 되었다. 세계화 된 식품 소비자들의 식품 소비는 더 이상 특정 계절에 파는 야채로 한정되지 않는다. 유럽인들은 갓 캐낸 감자와 신선한 딸기, 토마토를 일 년 내내 즐길 수 있다. 동시에 과거에는 아주 이국적인 식품으로 취급되던 것들이 이제는 동네 슈퍼마켓에 진열되어 있다. 한겨울에도 망고와 레몬, 아보카도, 석류를 팔지 않으면 소비자들은 불평하며 경쟁사 매장으로 발길을 돌린다. 하지만 실제 상황은 이런 예보다 훨씬 더 세밀하고 복잡하다. 이제 대형 소매업자들은 기상 예보 전문가를 고용해 일간, 주간, 월간, 예상 기온과 일조량을 보고받고, 그에 따라서 전 세계에 분포한 생산자들에게 주문해야 할 식품의 종류와 양을 결정한다. 24시간에서 36시간이면 지구 반대쪽에서 과일을 따고 채소를 뽑아 운송해서 슈퍼마켓 선반에 올려놓을 수 있다.

운동 경기에서도 계절의 특성이 사라지고 있다. 국내 방송사들이 특수 서비스 제공사(special service provider)에게서 프로그램을 구매하면서 이제 오락 산업도 글로벌 서플라이 체인으로 재편되기 때문이다. 테니스와 육상 경기, 골프는 일 년 내내 세계 어느 곳에서나 볼 수 있는 스포츠가 되었다. 자동차 경주와 축구(미국을 제외하고)도 마찬가지다. 이제 방송사들이 해야 할 일은 스포츠경기 기획사와 광고 스폰서들과 일정을 협상하여 지구 반대쪽에서 벌어지는 경기를 가능하면 많은 시청자가 볼 수 있는 시간에 방송하는 것이다. 영국의 프리미어 리그에서 맨체스터 유나이티드팀과 리버풀팀의 경기가 남반구 시청자들의 황금시청시간에 맞추어 정오에 진행되어야 함을 의미한다.

중국의 소규모 제조회사들과 많은 소매업자들을 포함하는 글로벌 서플라이 체인에 의해서 미국과 유럽인들의 여가 형태도 크게 달라졌다. 과거 정원의 가구는 고가 사치품으로 취급되었다. 오늘날 정원 테이블과 의자, 바비큐 기기, 그릴 등과 기타 제품들은 일반적인 상품이 되었다.

제조업, 식품업, 가정용품 소매업, 스포츠나 오락 산업 등 어느 분야든 글로벌 서플라이 체인을 형성해온 가장 큰 세력은 국제적인 기업 인수 합병이다. 이들이 글로벌 서플라이 체인에 동력을 제공하는 오늘날의 글로벌 기업을 탄생시켰다. 그들은 자신들의 사업 파트너와의 긴밀한 관계를 유지했고 그것이 인터넷 발전의 주요 요인으로 작용했다. 이러한 기업들의 지속적 발전이 없었다면 인터넷은 미국 군사기관과 세계 학술 연구소로 그 존재가 제한되었을 것이다.

인터넷은 소규모 벤처 기업에도 보다 많은 기회를 제공하고 있다. 인터넷 덕분에 소기업들도 글로벌 서플라이 체인에 참여해서 대기업에 상품과 서비스를 납품할 수 있게 되었다. 즉 소기업들도 세계를 무대로 사업을 하게 된 것이다. 남태평양 오지에 위치한 소프트웨어 디자인 회사들이 북반구에 위치한 대기업에 서비스를 제공할 수 있다. 미국 대학에서 MBA를 마친 사람들이 새로운 사업 아이디어를 가지고 중국의 작은 마을로 돌아간다. 인터넷으로 그들은 세계의 여러 지역의 시장을 조사하고 수입 · 수출 회사들과 협상하며 소규모 생산 시설을 세우기도 한다. 이렇게 하여 글로벌 경제 질서에 합류하게 된다.

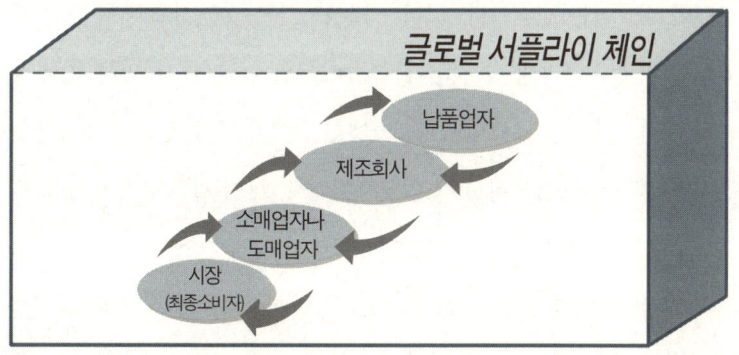

글로벌 서플라이 체인

납품업자

제조회사

소매업자나 도매업자

시장 (최종소비자)

이와 동시에 기업의 착취 가능성도 더욱 커진다. 동남아시아의 산업 지역은 아동노동 착취와 정부나 노조의 보호를 받지 못하는 여성과 약자 집단에 대한 저임금 노동 착취의 전진기지 역할을 한다. 주요 대기업들은 지역의 하청업체와 기타 서비스 제공사를 이용함으로써 이와 같은 상황과는 직접 연관이 없음을 가장할 수 있다. 그러므로 노동 착취 상황을 들추어내는 책임은 소비자들과 저널리스트, 그리고 국제기구에게 맡겨진다. 일단 노동 착취 사례가 드러나면 그 소식은 전 세계로 급속하게 전달되고 한 때 사회적 책임감으로 존경받던 기업 브랜드도 회복 불가능한 상처를 입는 경우가 많다.

이와 같은 상황은 기본적인 기업 운영 방식을 변화시키고 있다. 특화된 경제 집중지역과 함께 글로벌 서플라이 체인의 등장은 대기업들의 내부 운영 과정을 기본적으로 재편하고 있다. 대기업들은 통합운영 시스템을 여러 개의 운영 단위로 나누고 있으며 제조회사들은 브랜드-경영 기업으로 변신하고 있다. 이는 다른 부분은 아웃소싱을 하고 핵심 부분에만 집중하는 전략이다. 그러나 브랜드가 무엇을 대표하게 하고 브랜드를 어떻게 마케팅 할 것인가? 기업 브랜드는 이제 더 이상 특정 상품의 서비스와 연관짓지 않는다. 그 대신 경험과 이미지, 감각적 경험을 전달하는 기업 브랜드에 초점이 맞추어진다. 다시 말해 기업의 유형적 특성보다는 무형적 특성에 근거하여 상품이 마케팅 된다. 베네통은 기이한 발상(포스터 광고)과 자극(카 레이스)을 중심으로 하는 마케팅 전략을 사용한다. 코카 콜라는 정통성에 호소하는 광고 전략을 사용한다. 카멜 담배회사는 충족한 삶(야외 스포츠이거나 익스트림 스포츠이거나 ' 당신의 삶 '이니 피우고 싶으면 피워라)에 호소하는 마케팅을 한다.

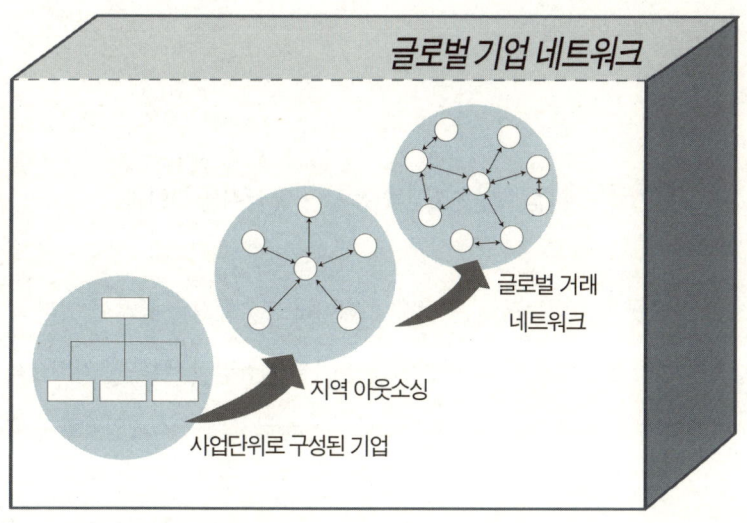

글로벌 기업 네트워크

글로벌 거래
네트워크

지역 아웃소싱

사업단위로 구성된 기업

특정 상품과 서비스 유형의 특성에 초점을 두지 않고 경험(삶의 질, 정통성, 진실 등)을 전달하는 기업 브랜드를 제시함으로써 기업들은 미래의 장래를 열어둘 수 있다. 그리하여 같은 브랜드 아래서 계속해서 상품 포트폴리오를 바꾸어 나갈 수 있다. 이것을 가능하게 해주는 것도 서플라이 체인을 관리할 수 있기 때문이다. 특정 상품이나 서비스의 납품업체들과 제조회사들은 다른 회사로 쉽게 교체될 수 있다. 소비자의 기호가 변함에 따라 대기업들도 계속해서 상품 포트폴리오를 바꾼다. 변함없는 브랜드에 새로운 상품과 서비스를 지속적으로 제공할 수 있게 된 것이다. 그 결과 현대 기업들은 지속적으로 고객과 소비자의 기호와 욕구변화에 촉각을 세우고 있어야 한다. 그러한 변화에 신속하게 대응할 수 있게 된 것은 인터넷을 통한 서플라이 체인의 유연한 관리와 고객 중심 경영 문화 덕택이다. 이것은 끊임없이 변화하는 기업 동물원의 변화

속도를 가속화시킨다.

재편되는 기업—아웃소싱을 할 것인가, 남겨둘 것인가

인터넷은 기업들의 정보 공유의 데이터 프로세싱을 통하여 여러 가지 활동을 연결하여 관리할 수 있는 능력을 제공한다. 덕분에 기업들은 비용을 절감할 수 있고 제조회사로서 또는 납품회사나 소매업자로서 핵심 기술에 집중할 수 있다. 인터넷은 기업 간의 협력 관계를 만들어 상품 개발과 재고 관리, 효율적인 운송 시스템을 위한 정보 공유를 가능하게 해준다.

그 결과 전략적 제휴와 조인트 벤처의 형태로 기업들의 네트워크가 출현했으며, 이들은 비전략적인 핵심 활동을 사업 파트너나 프랜차이즈와 라이센스 협약을 맺은 회사들에게 아웃소싱 한다. 이것은 장기 전략적 파트너십에 기초한 기업 거래의 재편을 의미하며 벤처 기업들에게 많은 기회를 제공하고 있다. 기업 활동의 아웃소싱은 전문 서비스 회사를 탄생시켰다. 동시에 국내외에 기업 집중지역이 출현하게 된 이유이기도 하다. 물론 가장 잘 알려진 사례는 캘리포니아이다. 그곳에서는 대기업들의 생산 시설 투자가 조인트 벤처와 합작 투자를 통하여 신설회사들에게 많은 기회를 제공했다. 더블린 인근 지역에서는 세계적인 하이테크 회사들의 투자가 하나의 기업 문화를 만들었는데, 이곳에서는 신규회사들이 유럽의 여러 시장을 겨냥해 소프트웨어 상품을 '로컬라이즈' 하면서 성공했다.

그렇다면, 이렇게 재편된 기업에서 무엇을 아웃소싱하고 무엇을 남겨 두어야 할까? 회사는 각각의 상품과 시장 포트폴리오에 따라 전략을 수립한다. 그 결과 제약회사 가운데에는 더 이상 약품은 생산하지 않고 연구와 개발, 임상 실험만 하는 회사들이 생겨났다. 또 이와는 완전히 반대의 전략을 채택하는 회사들도 있다. 여기에서 결정 요인이 되는 것은 회사가 비즈니스 네트워크 내에서 어떤 위치를 차지하느냐이다. 파트너십과 각자의 능력을 공유함으로써 각 기업은 자신의 특정 능력을 파악하고 집중할 수 있다.

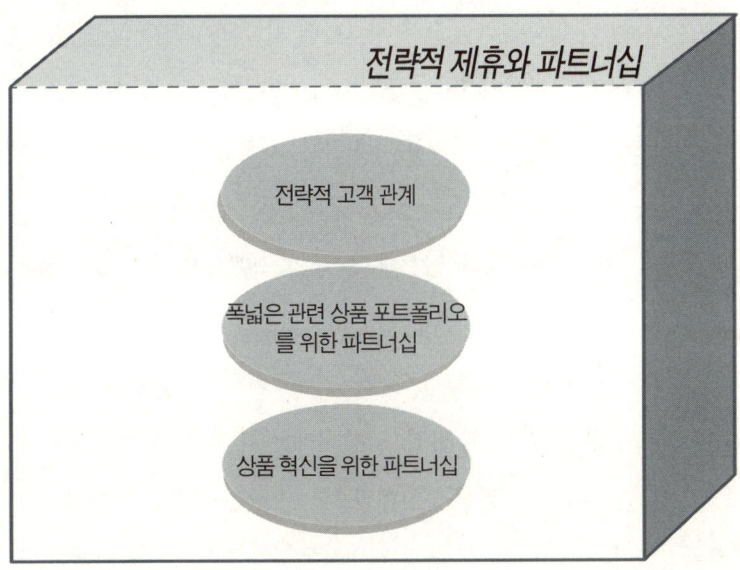

이러한 능력 가운데 하나가 고객 정보에 근거하여 핵심 기술을 개발

하는 것이다. 이것은 아웃소싱 할 수 없는 기능 중 하나다. 그것이 제조사이든, 소매업자이든, 최종 소비자이든 고객 정보를 수집하고 분석하는 작업은 상품 혁신과 개발의 기초이다. 이 데이터가 일단 기업 정보 시스템에 입력되면 이 기업은 계속해서 민첩하게 상품 포트폴리오를 바꿀 수 있다. 쓰리엠(3M), 비피(BP), 비벤디 유니버설(Vivendi Universal), 센트리카(Centrica) 등이 전형적인 사례이다. 센트리카(Centrica)는 한 때 영국의 국영 가스회사였다. 고객 정보를 토대로 오늘날 이 회사는 자동차 수리와 주택 보험에서부터 신용 카드와 가정 수리 서비스까지 매우 다양한 서비스를 제공하는 회사가 되었다.

그러나 여기에는 높은 위험이 수반된다. 오로지 고객 정보 관리에만 의존하므로, 현재 고객의 필요에 과도하게 집중하여 미래 고객 필요를 등한시하게 된다. 현재의 고객 행동 정보는 미래의 시장 개발과 판매 전략 개발에 필요한 정보는 거의 주지 않는다. 기업들이 고객에게 너무 근접해 있어 인구구성, 라이프스타일과 구매 기호 변화에 따른 미래의 고객 필요를 예상할 수 없게 만든다. 영국의 소매회사 막스 앤 스펜서(Marks and Spencer)가 바로 이 문제에 직면해 있다. 이 회사의 의류제품 포트폴리오는 '편안한' 옷에서 '패션' 의류로 바뀌는 '중년층' 핵심 고객의 기호 변화를 따라가지 못했다. 이 사례는 기업 브랜드의 가치와 힘을 과신하는데서 오는 위험을 일깨워준다. 브랜드 가치를 계속 홍보하고 극찬하면서 그에 따른 상품과 서비스를 지속적으로 제공해야 한다. 이것은 홍보 회사나 광고 회사에 아웃소싱할 수 없는 일이다. 그러나 기업 브랜드는 주주와 종업원과의 관계를 관리하는데도 중요하다. 미국과 유럽에서 개인 투자자들이 증가하고 뮤추얼 펀드(mutual fund, 미국 투자 신탁의 주류를 이루는 펀드 형태로 투자자의 펀드가입 탈퇴가 자유로운 개방형과 회사의 주식을 소유하는 회사형이 있다)가 급속하게 성장하면서 회사들은 주주들에게 사회적 책임감과 환경, 그리고 지속적인 경제 성장의 책임 있는 기업 이미지를 보여주어야 한다. 이와 같은 기준에 맞추어 기업 브랜드를 홍보하지 못하면 주가와 미래의 투자 유치와 자본 조달에 악영향을 받을 것이다. 경영자들의 보수가 과다하다고 생각되면 그 기업이 탐욕스럽고, 이기적이고, 사회적으로 무책임하다는 이미지가 붙게 된다.

기업 브랜드는 원만한 노사관계에도 중요하다. 정보화 시대에 대다수의 종업원이 대졸 고학력자가 되어가고 있다. 그들은 사회적 책임을 중요시하고 개인의 성장 기회를 제공하고 개인의 창의력과 기술 혁신, 실험 정신을 중시하는 회사를 선호한다. 지난 수년 간 소프트웨어 회사들은 이와 같은 이미지를 보여주어 가장 재능 있는 졸업자들을 채용할 수 있었다.

재편된 기업에서는 거의 모든 일들이 전략적 네트워크 안에서 다른 회사와의 파트너십으로 진행된다. 그렇다면 각 개별 회사를 묶어주는 본드 역할을 하는 것은 무엇인가? 기업의 마음과 영혼을 잘 가꾸어야 할 필요가 여기에서 나온다. 종업원들은 금전적 보상과 기타 물질적 인센티브를 넘어서는 심리적 애착, 회사에 대한 정서적 애착을 필요로 한다. 이것은 다시 기업 관리자들이 기업 문화 구축과 기업 행사를 통해서 연대감을 길러야 할 것을 요구한다. 인사관리와 종업원들과의 심리적 계약이 더더욱 중요해졌다는 것은 경제의 세계화와 인터넷 기업의 또 다른 역설이다.

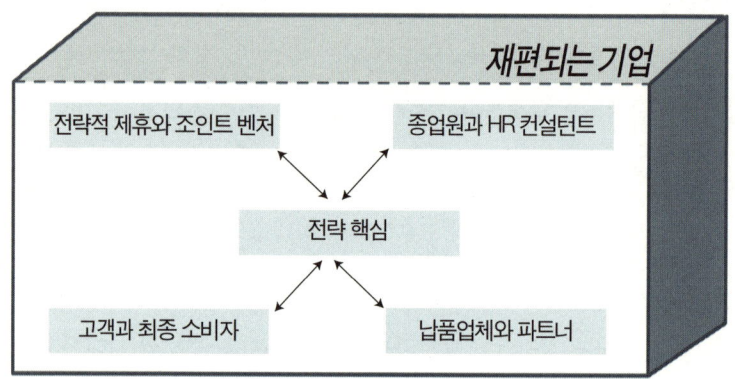

글락소 스미스클라인(GlaxoSmithKline)사의 경우가 이를 잘 보여준 다. 사원들의 식사를 담당하는 사람들의 사기는 이 회사 의약품 개발에 매우 중요하다. 그들의 사기가 높아서 직원 식당에서 양질의 식사가 제 공된다면 회사 연구원들이 각자 사무실에서 스낵으로 점심을 때우지 않 고 사원 식당을 이용할 것이다. 식당에서 함께 음식을 먹으며 연구원들 은 아이디어를 나누며 저절로 브레인스톰(brainstorm)을 하게 된다. 여기 에서 나온 아이디어를 토대로 뒤에 세밀한 분석과 실험이 실시되는 경 우가 많다. 그렇다면 이것은 사원의 점심 식사 준비도 아웃소싱해서는 안 된다는 것을 의미할까? 그것은 파트너십을 어떻게 관리하느냐에 따 라 다르다. 식사 조달 회사와의 계약은 실용적으로 비용을 절감하기 위

한 수단이 될 수도 있고 아니면 그 일의 중요성을 아는 서비스 제공사와의 장기 전략적 파트너십이 될 수도 있다. 유감스럽게도 대부분의 아웃소싱 계약은 후자보다는 전자의 색깔을 띠고 있다.

:: 공룡으로 바뀌어가는 거대 기업

거대 기업들은 어떻게 서로 연결된 세계에 대응할 수 있을까? 규제 철폐와 경제 블록 간의 관세가 낮아지면서 시장 장벽이 허물어지고 있다. 회계 방식과 사업 방식이 세계적으로 표준화되면서 경쟁 압박은 더욱 커지고 있다. ISO 9000과 기타 유사한 벤치마크들이 기업들로 하여금 내부와 외부 거래 관행에 있어 글로벌 문화를 조성하게 만들고 있다. 고객과 소비자는 훨씬 더 다양해진 서비스 제공 덕분에 폭 넓은 선택을 할 수 있게 되었고 시장도 이와 함께 변하고 있다. 인터넷 거래로 인해 지리적 한계는 무너지고 이것은 다시 국가간 회계방식의 표준화와 대량 운송 시스템에 의해 가속화되고 있다. 육로, 해상, 공중 운송의 컨테이너화와 함께 물류 관리 기술의 발전은 사업 환경을 변화시켰다.

이렇게 글로벌화된 대기업들은 유사한 규모의 대기업들뿐 아니라 해당 국가의 벤처 기업들과도 경쟁해야 한다. 세계의 대기업들은 글로벌 서플라이 체인을 지배하는지 모르지만 그렇다고 보다 적응이 빠른 국내 기업들의 위협을 막지는 못한다. 이들 기업의 과거 전략은 더 이상 현재나 미래에는 적절하지 못하다. 과거 대기업들은 기본적으로 글로벌 또는 멀티내셔널 접근방식을 사용했다. 글로벌(global)이나 멀티내셔널(multinational) 접근방식보다 이제는 트랜스내셔널(transnational) 운영 구조가 우선한다.

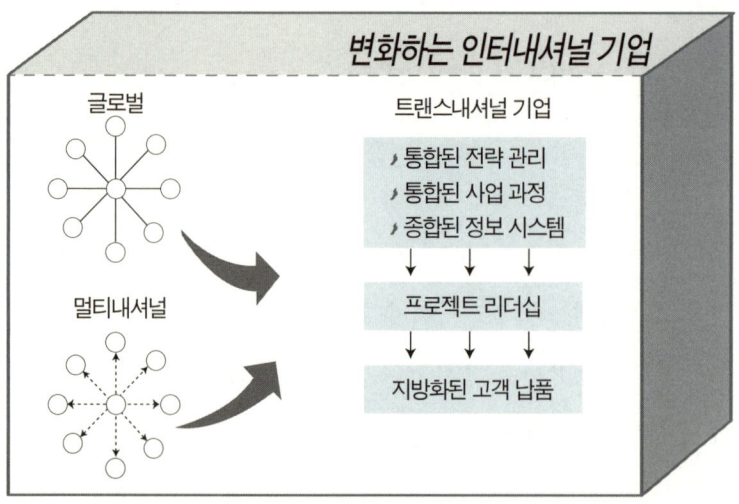

변화하는 인터내셔널 기업

글로벌

멀티내셔널

트랜스내셔널 기업

➜ 통합된 전략 관리
➜ 통합된 사업 과정
➜ 종합된 정보 시스템

프로젝트 리더십

지방화된 고객 납품

글로벌 기업은 그 전략과 운영 과정이 매우 중앙 집중화되어 있었다. 미국의 대기업들은 이 모델을 고집했다. 국내 시장이 포화상태였으므로 그들은 미국 내에서 해외 시장을 개척하기 시작했다. IBM이 아주 좋은 예가 된다. 표준화된 상품을 개발해서 전 세계로 수출함으로써 IBM은 글로벌 기업이 되었다. 대형 컴퓨터의 조건이 전 세계에서 동일한 전략의 근간이었다. 그러나 기업 구조와 사업 방식의 문화적 다양성은 간과되었다. 그 이유는 그들이 미국식을 채택하면서 다양성은 사라질 것이라 생각했기 때문이었다.

그 결과 IBM의 연구개발(R&D), 생산, 마케팅, 판매 전략은 모두 본 사에 집중되었다. 그 결과 IBM은 매우 중앙 집중적이고 계급적인 기업 구조를 갖게 되었고, 기업의 대형 컴퓨터 수요가 끊임없이 창출되었던 1980년대 '성장의 시대'에는 이 구조가 효과가 있었다. IBM의 제품을 흡수할 '표준화'된 기업 구조가 충분히 많았다. 그러나 1980년대 후반이 되자 전 세계의 기업 운영에서 다양성이 눈에 띄게 되었고, 그 결과 보다 탈 중심적인 유연한 운영 구조가 개발되었다. 다시 말해서 사업 운영권 한이 시장 중심의 사업단위(business unit)에게 주어지고 기업 본사가 할 일 은 줄어들었다. 이러한 사정은 다른 기업들도 마찬가지였다. 고도의 중 앙집권적인 글로벌 모델은 더 이상 타당하지 않았다. IBM과 같은 기업 들은 권한을 분산하고 동시에 중앙화 된 전략 관리를 유지해야 했다.

멀티내셔널 기업은 완전히 반대 원리에 따라 만들어졌다. 멀티내셔 널 기업은 고도로 사업단위로 분화되어 본사는 재무관리 정도의 역할만 했으며 두 가지 주요 목표를 가지고 있었다. 우선 기업을 형성하는 여러 개의 독립된 사업단위의 사업계획을 승인하는 역할이었고, 둘째는 인수 와 매각 결정이었다. 그 밖의 전략과 운영 책임의 대부분이 독립된 사업 단위에 맡겨진다. 이것이 바로 1990년대 초까지의 제네럴 모터스, 유니 레버, 휴렛 팩커드의 사업 모델이었다. 각 사업단위가 다른 나라의 지역 시장에서 자체 브랜드를 가지고 운영되었다. 제네럴 모터스의 영국 브 랜드는 Vauxhall이었고 독일 브랜드는 Opel이었다. 이 체제는 지금도 유지되고 있다. 그러나 과거에는 각 사업단위에 각각의 R&D, 생산, 마케팅, 판매부서가 있었다. 이렇게 고도로 탈중앙화된 구조 결과 효율적인 고객 중심 운영과 시장에 신속하게 반응하는 R&D가 가능했다. 그러나 각 단위들이 서로 따라하면서 총비용이 중복되는 것이 단점이었다. 시장에 신속하게 대응하는 대가가 무척 컸던 셈이다.

오늘날 글로벌과 멀티내셔널 모델보다도 트랜스내셔널기업이 앞선다. 이것은 인트라넷과 인터넷의 발달로 가능해졌다. 트랜스내셔널리즘으로의 변화는 인터넷 기술을 발달시켰다. 여러 지역 시장의 수요 충족에 필요한 상품을 조달하기 위해 전 세계 기업 활동을 조화시켜야 할 필요성이 인터넷 발달을 촉진시켰다. 글로벌 기업에서는 의사결정의 흐름이 중앙에서 각 사업단위로 일방적으로 흐른다. 멀티내셔널 기업에서는 의사 결정권이 각 사업단위에 주어진다. 이 두 가지 모델에서는 사업단위 간의 정보 교환의 필요성이 거의 없다. 그러나 트랜스내셔널 기업에서는 단위 간의 통합된 전략적 의사 결정 과정이 기업 운영의 핵심이다. 트랜스내셔널 기업들은 각각의 독립된 사업단위에 위임된 전략과 운영 활동을 조화시킴으로써 운영된다. 그래서 이 기업들은 결정이 고도로 집중되는 동시에 탈중앙화된다. 인터넷은 트랜스내셔널 기업들이 글로벌 기업과 동시에 멀티내셔널 기업이 될 수 있게 해준다. 탈중앙화된 전략과 기업 활동을 조화시킴으로써 세계에 분포한 기업 자원을 각 지역 시장의 특성에 맞게 상품과 서비스를 제공한다.

트랜스내셔널 기업으로 자동차 회사들은 이런 방식을 글로벌 자원을 종합하여 사용한다. 그들의 R&D, 생산부, 구매부는 여러 특정 지역

시장과 국가 시장에 맞는 특정 브랜드 상품을 제공하는데 이용된다. '핵심 글로벌 모델들' 을 각 지역 고객의 필요에 맞게 수정한다. 제약회사들도 그들의 R&D와 생산 시설을 조화시켜 각 국가의 규정에 맞는 의약품을 생산 제공한다. 국가에 따라서 임상 실험, 제품 사양, 포장, 투약 후 모니터링에 대한 기준이 다른 경우가 많기 때문이다.

트랜스내셔널 기업들은 세계적인 거대기업이지만 국내의 벼룩 기업처럼 행동한다. 이것은 기업들에게는 어렵고도 힘든 새로운 과제다. 여러 개별 사업 단위 사이에서 어떻게 스케줄을 조정하고 활동의 우선순위를 줄 것인가? 글로벌 경영팀은 어떻게 만들 것인가? 글로벌 기업에서는 본사가 기업 운영 문화를 제시해주었다. 멀티내셔널 기업에서는 각 사업단위가 각자의 문화를 가지고 자율적으로 운영한다. 그러나 트랜스내셔널 기업에서는 운영 과정이 세계적 차원에서 조화되어야 한다. 이런 상황에서는 사업단위간의 문화적 다양성을 관리하는 일이 가장 중요하다. 바로 이것이 효과적인 기업 운영 방식을 결정하고 이와 함께 인터넷 사용을 촉진한다. 트랜스내셔널 기업은 문화적 조화와 기업 운영방식의 조화와 관련된 어려운 문제들을 해결해야 한다. 이 부분을 잘 해결하지 못하면 효과적인 정보 시스템이 구현될 수 없으며 거대기업들은 고도로 다양화되고 끊임없이 변하는 지역 시장들에서 벼룩 기업으로서 고객 중심의 운영에 실패할 것이다.

┇┇ 세계화 시대에도 사람들 간의 만남은 여전히 필요하다

　　인터넷은 우리가 일하는 방식과 기업 운영하는 방식을 변화시키고 있다. 기업들은 보다 더 통합된 글로벌 시장에서 경쟁하고 있다. 이러한 추세에서 대기업들은 세계 모든 지역의 납품업체로부터 상품과 부품, 서비스를 구매하면서 원가를 절감해 주도적인 역할을 하고 있다. 대기업들은 서비스 납품회사들이 서로 경쟁하게 만들어 원가를 줄이고 주가를 높일 수 있다. 반면 소규모 제조업체들에게 가해지는 글로벌 경쟁 압력은 더욱 커져 생존을 위협한다. 유럽의 소형 기업들이 저가의 제품을 공급하는 중국 남부와 동남아시아 기업들과의 경쟁에서 어떤 희망을 가질 수 있겠는가?

　　원칙적으로는 거의 희망이 없는 듯하지만 실제로는 아주 크다. 인터넷이 세계를 무대로 한 비즈니스를 가능하게 해주는 기술을 제공했지만 기업이 운영되는 현실을 보면 상당한 한계가 있음을 알 수 있다. 사업 거래에서 얼굴을 마주대고 상대를 직접 만나는 중요성을 과소평가해서는 안 된다. 이 때문에 사람들은 다른 나라의 파트너보다는 국내 파트너와 사업하기를 더 좋아한다. 그래서 전자상거래의 성장에도 불구하고 공항의 VIP 라운지는 여전히 많은 사람들로 붐빈다. 대기업들까지도 사업 파트너와 직접 대면해서 일하기를 좋아한다.

　　결국 사업에서 가장 중요한 것은 신뢰 관계이다. 이것은 단지 상품 납기나 서비스 대금 지불 약속을 지키는 것 뿐 아니라, 상품 생산 과정에 대한 품질의 신뢰도 의미한다. 예를 들어 인터넷을 통해서 중국 남부 지방의 한 제조회사로부터 사슬톱니에 대한 견적을 받는 것은 쉽다. 그러나 그 다음은 어떻게 할 것인가? 주문을 낼 것인가 아니면 그 회사의 사업 기록과 신뢰도, 품질 관리를 직접 보기 위해 출장 계획을 세울 것인가? 단골 고객을 위한 완제품에 필요한 부품을 알지도 못하는 해외의 납품업체에 주문하는 위험을 감수할까? 인터넷이 저가의 납품업체들을 이용할 수 있게 해주고 그들과 긴밀한 관계를 유지할 수 있게 해주는 등 세계 여러 지역 회사들에게 아웃소싱을 할 수 있게 해주는 혁명을 일으켰다. 그러나 인터넷이 사람을 대체하지는 못할 것이다. 오히려 인터넷으로 인하여 출장의 필요성은 더 커지고 세계 각지 사람들과 네트워크를 유지해야할 필요가 생길 것이다.

세계를 출장 무대로 삼아 결과적으로 소규모 회사 관리자나 대표는 더 많이 일해야 하고 이로 인해 스트레스도 더 많이 받게 된다. 이것은 정보화 시대 찬양자들이 주장하는 장밋빛 인터넷 세계와는 거리가 있다. 인터넷이 지리적 거리 개념을 완전히 지우지 못하는 것은 그만큼 인간적 요소가 중요하기 때문이다. 이론상으로는 광대역 통신 시설과 적절한 정보 통신 인프라만 있으면 세계 어느 곳에서도 인터넷 기업 운영이 가능하다. 그러나 회사들은 혁신적이고 경쟁력 있는 상품을 만들어낼 수 있는 핵심 사원들이 사는 곳이 매우 중요함을 깨닫고 있다. 이 회사원들은 양질의 생활과 우수한 편의시설, 그리고 친구와 이웃을 원한다. 다시 말해서 아이러니하게 글로벌화가 가속화되는 세계 경제에서 지역성이 감소하기는커녕 더 커지고 있다. 이것은 인터넷 시대에 지역 사회가 번창하고 더 나아가 생존하려면 그 지역 정부가 적절한 인프라를 제공해야 한다는 것을 의미한다.

이렇게 B2B 비즈니스에 제한이 있다면 앞으로 엄청나게 증가할 B2C 기업에도 유사한 인간적 요소가 제한 될 것이다. 닷컴 붐이 닷컴 붕괴로 이어졌는데, 그 원인은 소비자 구매 패턴에 대한 예상이 틀렸고 전통적인 기업 원칙을 무시했기 때문이었다. 과거에는 성공적인 기업을 세우려면 여러 가지를 고려해야 했다. 재정 관리, 마케팅 기술, 판매 기술에 대한 세부적인 지식과 이해가 필요했다. 이러한 것들은 변화하는 고객 필요에 따라 변하므로 수년 간의 고된 노력과 경험을 통해서만 얻을 수 있었다. 직관적이고 민첩한 사고전환이 필요했고 고객 심리에 대한 깊은 이해가 요구되었다.

그러나 자기 사업을 시작하려는 사람들에게 이것은 단지 시작에 불과했다. 판매 예상, 현금 흐름 예측, 고정 비용과 운영비 추정을 포함한 세밀한 사업 계획을 세워야만 했다. 그런 뒤, 투자자들에게 자신의 사업 계획 타당성을 납득시켜야 하는 문제가 던져졌다. 이것은 은행 대출담당자와 당좌 계정을 놓고 수도 없이 만나야 하고 벤처 자본가의 문을 두드려야함을 의미했다. 그리고 최악의 경우 상대로부터 매우 적대적이고 최상이래야 의심스러운 눈초리를 받아야했다. 그러나 훌륭한 협상가라면 운 좋게도 그들을 설득해서 자신의 주택을 담보로 또는 회사 소유권의 일부를 대가로 투자를 얻어낼 수 있었다. 그러나 높은 이자와 기타 관련 수수료를 피할 수 없었다. 그러한 문제들이 모두 해결된 후에야 사업을 시작할 수 있었고, 그 후 몇 년이 지나서야 그 모든 노력이 가치가 있었다고 생각하기 시작할 수 있었다. 실패하면 집을 포함해서 모든 것을 잃었고, 성공하면 아무 위험도 감수하지 않은 벤처 자본가가 수년간의 노고와 스트레스, 위험에서 오는 수익을 챙겼다.

그러자 새로운 경제, 닷컴 기업 시대가 도래 했다. 갑자기 모든 신규 창업의 원칙들이 내팽개쳐졌다. 어렵게 얻은 경험과 전문지식은 더 이상 필요치 않았다. 부컴(Boo.com)의 경우를 보자. 그들에게 창업에 필요한 것은 예쁜 스웨덴 얼굴의 사람과 시 비평가가 전부였다. 자세한 사업계획이나, 자금 관리 방식, 상품 수요에 대한 자세한 시장조사 등은 필요하지 않았다. 자금을 모으기 위해서 금융기관에서 몇 번의 화려한 설명회를 했고, 광고와 홍보에 7000만 파운드를 사용했다. 그것으로 예쁜 스웨덴 얼굴의 사람과 시 비평가는 온라인 글로벌 패션 기업의 백만장자 소유주가 될 수 있다고 생각했다. 그러나 결과는 예상했던 대로 눈물 잔치로 끝이 났다.

인터넷의 한계

- B2B와 신뢰 관계
- B2C와 고객 취향
- 안정성과 신뢰성
- 사람들과의 직접 만남

우선은 자만심이 문제였다. 시 비평가와 예쁜 스웨덴 얼굴의 사람은 사업을 시작하기 전에 판매 기술 등을 배울 필요는 전혀 없다고 생각했다. 그들의 상품은 '도시의 스포츠웨어'였다. 도대체 그것이 무슨 의미란 말인가? 도심에서 쇼핑을 할 때 운동화를 신는다는 유행을 표현 한 것 인가 아니면 우리가 이해하지 못하는 다른 의미가 있는 건가? 게다가 런던의 중심가 같은 값비싼 지역에는 콜 센터를 세워야 한다는 등 기본적인 사업 원리를 전혀 모르고 있었다. 물론 우리의 세련된 스웨덴 얼굴의 사람들은 고객에게 갈 상품을 보관하고 운송하는데 관련된 물류 문제를 생각해야할 필요를 전혀 느끼지 못했다. 대신 그들은 매출에는 단 한 푼도 보태지 않을 아름다운 지인들을 위해 세련된 파티를 열어주면 사업이 저절로 굴러갈 거라고 생각한 것 같다. 여기에다 이 회사의 자문역과 자금조달 역을 맡은 금융기관의 순진함이라니. 세상에 무엇이 그들로 하여금 상품의 성격도 전혀 정의되지 않고 시장 수요도 검증 받지 않은 사업에 투자하게 만들었단 말인가?

과대 선전되고 있는 3G(제3세대 이동통신 서비스) 휴대폰 기술에 대해서도 같은 상황이 여전히 계속되고 있다. 휴대폰으로 은행 계좌에 접근하는 것에 정말로 사업성이 있는가? 온라인과 무선 소매업은 과거 우편 주문 판매와 다를 것이 없다. 우편 주문 판매가 유럽에서는 크게 성공하지 못했는데 그 이유는 지리적으로도 거리가 가깝고 근처에 쇼핑 장소가 있기 때문이었다. 우편이나 온라인 주문을 망설이게 하는 또 다른 이유는 상품을 반품하기가 복잡하고 상품 배송 시 집을 지키고 있어야 한다는 점이었다. 정확하게 동일한 문제가 B2C 소매업자들에게도 적용된다. 닷컴 붐의 가장 큰 단점은 그것이 기존 오프라인 경제의 주식 가치를 왜곡시켰다는 것이다.

상당한 거래 기록을 가지고 있는 기업들이 세계 주식시장에서 그 가치가 떨어져 인수 위협을 받게 되었다. 기업 가치 하락의 궁극적 피해자들은 그 기업에서 일하는 사람들과 연금 회사, 그 기업의 주식을 보유하고 있는 사람들이다. 이미지와 PR이 중심을 차지하는 시대에, 닷컴 기업의 아름다운 이미지가 순진한 금융기관들을 매혹시키는 한 그런 것들은 별로 중요하게 취급되지 않는다. 그러나 문제는 인터넷의 소매 거래 가능성을 적절한 시각에서 제대로 볼 수 있게 되었을 때는 이미 세계의 주요 금융 시장이 크게 왜곡되었다는 것이다. 우리는 아직도 그 여파에서 벗어나지 못하고 2001년 9·11 테러 이후 사람들은 경기 침체로 직장을 잃고 고통 받으면서 그 대가를 치르고 있다.

변화하는 기업 환경에서 개인의 성공

🔹 개인적 성공의 새로운 정의

관료적 기업 구조 안에서는 개인의 성공을 측정하기가 아주 쉽다. 왜냐하면 개인 성공의 척도는 바로 그 기업의 계급구조 안에서 그 사람이 차지하는 위치가 되기 때문이다. 더 많은 권력과 급료, 기타 혜택이 주어지는 승진은 점진적으로 이루어진다. 직급에 따라 월급 액수, 사무실 크기, 주차 공간 등이 정해졌다. 약간은 조잡한 이러한 직급 구분은 상세한 신분 차이까지 동반한다. 예를 들면 직급에 따라 사무실 카페트 등급이 달라지고 회사의 식음료 서비스와 기타 예우 서비스 수혜 여부가 결정된다.

너무나 많은 기업에서 이러한 제도가 여전히 유지되고 있다. 유럽과 미국에서 시도된 기업 문화 바꾸기 프로그램들은 모두 이런 체제를 없애는데 실패했다. 오히려 이러한 체제가 권위와 책임을 행사하는 기능적 계급에 추가되는 경우가 아주 많다. 그러나 기업 현실이 빠르게 변화하고 있는 것도 사실이다. 심지어는 엄격한 계급구조하면 가장 먼저 떠오르는 공기업에서도 전통적 구조가 해체되고 있다. 프랑스와 독일, 남부 유럽 국가의 공기업과 사기업들은 여전히 관료적 모델을 고수하고 있지만 미국과 영국에서는 그 패러다임이 변화하고 있다.

관료적 구조의 변화를 주도하는 요소는 정보기술의 발달과 커지는 고객과 시민의 기대, 변화하는 종업원들의 목표 등이다. 정보기술의 발달로 업무 과정이 관리자가 아닌 기계에 의해 감시된다. 시민과 고객들은 획일화된 대중으로 취급받기보다는 개개인의 필요가 충족되기를 기대한다. 종업원들은 관료 기계에서 언제라도 빼버릴 수 있는 나사로 취급받는데 분노한다.

이 모든 요소들이 종합되어 지난 한 세기 동안 기업 효율을 위한 최선의 모델로 신봉되어왔던 관료적 모델의 쇠퇴를 초래했다. 21세기를 20년 정도 앞두고 보다 유연하고, 적응이 빠른 기업들이 관료적 구조를 버리기 시작하더니, 이제는 거대 코끼리 기업들까지도 벼룩 기업이 되기 위해 할 수 있는 모든 수단을 동원한다. 작은 것이 아름답다고 여겨지고, 대기업들에게는 기업 구조를 수평화하고, 운영과 전략 책임을 분산시키고, 일선 관리자들에게 권한을 위임하여 그들이 마치 자기 사업을 운영하듯 시켜야 한다는 메시지가 전달된다.

이러한 변화는 기업 관리자들에게 동기를 부여하던 기본 체제를 파괴시켰다. 과거에는 사원들에게 꿈을 주는 주체가 바로 이러한 기업 구조였다. 여기서 꿈이란 다른 사람들과 경쟁하면서 승진의 사다리를 올라간다는 것을 의미한다. 내일 얻을 성과를 위해 오늘 희생을 감수한다는 생각으로 일했다. 이런 분위기에서 개인의 발전은 나이와 직급을 비교해 결정되었다. 이런 체제가 회사에 대한 장기적 충성을 가능하게 했다. 이 체제가 가능했던 것은 사원들은 평생을 회사에 헌신하고 그 대가로 회사는 법정 퇴직 연령까지 평생직장을 제공한다는 가정 때문이었다. 여기에다 같은 분야의 회사들끼리는 서로 직원들을 빼앗아가지 않는다는 불문율이 있었다. 가장 대표적인 예로 금융회사들을 들 수 있다.

이렇게 안정되고 예측 가능한 기업 체제는 사회적으로 큰 의미가 있었다. 다시 말해, 교외의 주택가에 사는 서구사회의 중산층을 만들었고 전후 수십 년간의 부유층을 창출했다. 그들은 회사에서의 승진 경기에 참여하면서 미래를 낙관적으로 보았다. 회사 밖에서는 대출을 받으면 언제 갚겠다는 약속을 할 수 있었다. 왜냐하면 그들은 직장이 최소한 지금보다는 미래에 자신을 경제적으로 더 낫게 만들 것이라는 확신이 있었기 때문이었다.

기업 구조조정과 프로젝트 중심 패러다임의 채택으로, 이러한 회사 체제는 이제 과거의 휴지통에서나 찾아볼 수 있게 되었다. 기업들은 이제 더 이상 평생직장을 제공하지 않는다. 그들은 안정적이고 예측 가능한 직장 경로도 제공하지 않는다. 수평적이고 탈중앙화된 기업 구조와 프로젝트 중심 기업 문화는 안정을 불안정으로 확실을 불확실로 대체시켰다.

그 결과 개인의 성공 척도도 더 이상 예측 가능하거나 투명하지 못하다. 회사에서 고속 승진하며 부러움을 샀던 35세 사원의 성공의 행복은 기업 인수 합병으로 하루아침에 박살날 수 있다. 회사 매각 후에는 직장을 잃을지도 모른다는 생각과 회사 구조조정의 결과 어떤 여파가 올까라는 생각이 사원들에게 불안감을 안겨준다. 어제 내게 결재를 받던 사원이 기업 합병 후, 오늘은 내가 결재를 받는 상대가 된다. 우리는 권한 관계와 운영 절차가 지속적으로 변화하는 기업 구조 내에서 살아나갈 수밖에 없게 되었다. 이렇게 불확실한 환경에서 사원들은 이제 자신의 성공을 측정할 잣대가 없다. 직급의 개념이 사라지면서 기를 쓰고 올라갈 사다리가 없어진 것이다. 나이가 어느 정도 되면 어떤 지위에 올라간다는 개념도 사라졌다. 불안한 직장은 불안한 사원을 낳는다. 불안한 사원들은 회사에 대해 표면적인 충성심과 일에 대한 적절한 수준의 열정을 가지고 일하면서 끊임없이 자신의 고용관계가 매우 불안정하다는 것을 의식한다.

이러한 분위기에서 사원들은 자기를 고용한 회사에 대해 단기적이고 편의적인 태도를 갖게 된다. 그들은 성과급제도에서 할 수 있는 한 최고의 급료를 받기 위해 협상한다. 동시에 직속 관리자와 상사, 성과 평가자의 심기를 거스르지 않기 위한 적절한 정치적 대인관계술을 배운다. 그들은 기존 체제와 상품 포트폴리오에 대한 비판으로 해석될 것을 우려하여 새로운 아이디어를 쉽게 꺼내놓지 않는다. 그렇지 않으면 경기침체 때문이든 기업 합병 때문이든 다음 감원에서 퇴출될 위험만 커지기 때문이다.

이렇게 불확실한 세계에서 개인의 성공은 계급적 구조에서 자신이 차지한 위치에 의해서 측정되는 것이 아니라 오늘의 물질적 생활수준과 개인의 라이프스타일을 받쳐주는 물질적 보상으로 측정된다. 미래에 회사가 해줄 보상을 위해 '오늘' 희생한다는 것이 아니라 완전히 '오늘'에만 초점이 맞추어진다. 고용관계가 이렇게 불안한데 어찌 그렇지 않겠는가? 회사에 충성해도 미래에 보상받지 못할 가능성이 이렇게 큰데 누가 '오늘'을 희생하겠는가?

사원들이 얼마든지 회사를 옮겨 다닐 수 있는 이전 가능한 기술을 갖게 되면서 사원들의 회사 이직율이 매우 높아졌다. 한 사람의 직속 관리자와 하나의 기업에 의존하지 않고 불안감을 줄이는 것이 그들의 전략이다. 그러나 CEO의 평균 재직기간이 약 4년 정도이고 기업 내에서 그리고 기업 간의 사원 이동이 끊임없이 일어나는 이 상황에서 과연 무엇이 개인의 성공을 재는 척도가 될까? 회사에서의 위치가 그렇게 불안하고 고용 관계가 그렇게 불확실하다면, 중요한 것은 오직 경제적 보상뿐이다. 미래는 알아서 굴러갈 것이고, 이 측면에서는 기업도 마찬가지다.

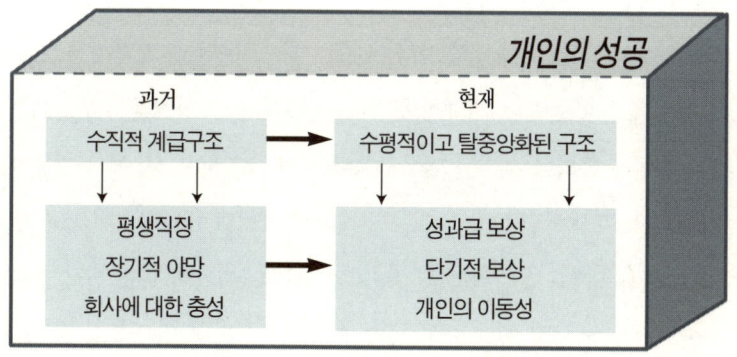

심리적 계약 · 재협상

회사라는 동물원에서 성공하려면 개인의 엄청난 의지가 필요하다. 회사들은 과거의 전통적 보상은 주지도 않으면서 사원들이 마음을 바쳐 일할 것을 기대한다. 사용자와 종업원 간의 심리적 계약 기반으로 이제 장기적 충성이 아니라 단기적 계약이 대신하게 되었다. 단기적 계약이 기업의 목표이다. 이 계약이 이행되는 정도는 여러 경제 분야와 기업 규모, 그리고 나라에 따라 크게 다르다. 영국 기업들보다는 미국 기업에서 종업원들이 단기적 계약을 더 충실히 수행하는 것 같다. 바로 이런 이유 때문에 특히 바이오산업이나 정보와 통신 기술 분야에서 미국 기업들의 생산성과 혁신도가 더 높다고 할 수 있다.

고용자에 대해 갖는 태도에 따라 종업원들을 세 가지 유형으로 분류하는 것이 가능하다. 불만에 찬 종업원들, 편의상 순종하는 종업원들, 그리고 마음에서 우러나 헌신하는 종업원들이다. 우수한 기업 성과를 만들어내는 사람들은 물론 마음에서 우러나 헌신하는 종업원들이다. 기업을 이끌어 가는 사람은 기업 운영 구조와 기업 문화, 의사결정 과정을 만들고 동시에 내면화된 종업원의 헌신을 끌어내는 리더십을 개발해야 한다.

불만에 찬 순종은 오래가지 못한다. 불만에 찬 종업원들은 투덜대면서 명령에 순종하고 부여된 업무를 수행한다. 20세기 유럽에서 전통적 제조업체에서 일하던 매장 직원들이 대부분 그러한 태도를 가지고 있었다. 그 회사들에서 종업원들은 경영진과 세력이 막강한 노조 간에 합의한 업무 지침에 따라 일했다. 사실 노조는 종업원들의 불만에 찬 태도의 원인인 동시에 결과도 되었다. 그러한 노조는 매장 직원 노조의 성장과 과격한 노조 운동, 그리고 잦은 노사분규를 초래했다. 종업원들의 결근 일이 많았고, 작은 부상이나 가벼운 병에도 병가를 냈으며, 종업원의 이 직율이 매우 높았다. 1960년대 유럽의 자동차 산업이 이 모든 특성들을 극명하게 보여주었다. 결국 생산성은 떨어졌고, 제품의 품질도 떨어졌으며, 생산 비용은 올라갔다. 그 때문에 결국에는 대형 제조회사들이 생산 공장을 유럽에서 저비용의 동남아시아로 옮기게 되었다.

불만에 찬 순종은 사용자와 종업원 간의 신뢰를 떨어뜨린다. 관리자들은 자신들이 무엇이든 가장 잘 안다. 그래서 관리자가 될 수 있었다는 태도로 종업원들을 대하고 종업원들은 가능한 한 일을 하지 않으면서 버티려고 한다. 결과적으로 종업원들이란 가능하면 빈둥거리려고 한다는 것을 기본 가정으로 하는 기업 문화가 자리잡게 된다.

이러한 신뢰도가 낮은 기업 문화는 과도한 관료주의, 규칙에 대한 과도한 의존, 그리고 감독자와 관리자들의 과다 사용으로 인한 높은 운영비용을 초래한다. 직원들을 신뢰하지 못하므로 세밀한 업무 지침이 필요하다. 세밀한 업무 지침을 받았으므로 종업원들은 그 지침에 씌어 있는 일만 한다. 절대 그 이상도 그 이하도 하지 않는다. 결과는 독창성과 혁신을 파괴하는 경직된 기업 구조가 된다. 이런 분위기에서는 종업원들이 그들의 업무와 회사의 운영 성과를 개선할 수 있는 아이디어를 가지고 있어도 절대 말하지 않는다. 혁신적인 아이디어를 차단하면서 관리자들은 직원들이 회사에 아무 기여도 하지 못한다고 생각한다. 그래서 관리자들은 종업원에게 의견을 묻지도 않는다. 결과적으로, 종업원들이 불만에 찬 자세로 관리자의 명령에 계속 순종하면서 서로 신뢰하지 못하고 가능하면 일하지 않으려는 문화가 지속하게 된다.

편의상 순종하는 종업원들은 고용관계를 완전히 경제적 계약으로 간주한다. 여기에는 정서적 개입이란 전혀 없으며 오히려 고적적인 경제이론과 자신의 경제적 이익을 추구하는 개념이 지배한다. 종업원들은 회사를 개인의 이득을 위해 이용하는 인력 집단으로 간주한다. 종업원과 회사를 묶어주는 유일한 매개는 오직 월급뿐이다. 충성이나 헌신은 '구식 사고방식'으로 간주되고 중요한 것은 성과급제도에 따른 금전 관계이다.

20세기말 20년 간 기업 문화가 불만에 찬 종업원에서 편의상 순종하는 종업원으로 바뀌었다. 종업원들이 그들이 공정하다고 생각하는 금전적 보상을 받는 한 순종하고 맡겨진 업무를 수행한다. 기업 가치, 기업 사명, 기업 윤리는 모두 물질적 보상에 밀려 부수적 위치를 차지한다. 이러한 문화는 종업원들에게 질문을 금하고, 머리를 숙이고, 의문을 품거나 도전하지 못하게 하는 분위기를 만든다. 그 결과 기업 변화율이 저조하고 제품 혁신이 변변하지 못하게 된다.

많은 회사들이 종업원들에게 높은 물질적 보상을 제공하고 일부러 편의적인 자세를 조장하면 기업 성과가 올라갈 것이라는 과오를 범한다. 단기적으로는 그럴 수 있다. 그러나 장기적으로는 관리자를 포함한 모든 사원이 자신의 이익만을 위해서 일하는 '얌체 기업' 문화를 조장한다. 많은 하이테크 회사들이 이러한 특성을 보인다. 그들은 높은 물질적 인센티브가 높은 기업 성과를 유지해준다는 가정을 한다. 그러나 오히려 그 반대인 경우가 많다. 이런 분위기에서는 기업 문화가 과도하게 경쟁적이어서 옵션이나 보너스, 연봉을 놓고 다툼이 벌어진다. 시기심이 일어나고 갈등 집단이 나타난다. 각 집단에는 지명되거나 스스로 나서는 리더가 있고, 이 리더들은 자기 집단을 가장 강력한 집단으로 만들기 위해 경쟁한다. 회사는 여러 분파로 나뉘고, 그동안 모두가 공유했던 기업 가치는 재빨리 파괴된다. 이러한 문화에서 개인적으로 성공하려면, 정치적으로 기민하게 움직이고 사내 영향력 있는 인물과 좋은 관계를 유지하고 그들이 강력한 지위를 유지하도록 도와야 한다. 이 강력한 인물들의 지원과 지도 하에서만 개인의 성공은 달성될 수 있다.

편의상 순종하는 문화가 점차 팽배하면서 종업원의 전직율이 더 높아진다. 동시에 인적 네트워크를 유지하는 일이 중요하게 된 이유이기도 하다. 인적 네트워크를 통해서 종업원들은 어디에 빈 자리가 있는지, 보상 시스템과 옵션 기회는 어떤지, 성과급 보너스는 어떠한지 등의 정보를 얻는다. 더욱 중요한 요소는 '지식' 기술의 성격이다. 과거의 제조업에서는 매장 직원의 기술은 사용자가 제공한 기계가 있어야 이용 가능했다. 그래서 불만이 있어도 쉽게 걷어차고 나가지 못했다. 결과적으로 종업원들의 불만은 더 커졌다. 그러나 '지식' 종업원들의 기술은 이동과 이전이 가능하다. 바로 이런 이유 때문에 금융 회사들이 펀드 매니저를, 소프트웨어 회사들이 소프트웨어 디자이너를, 미디어 회사들이 '창의력 있는' 사람들을 구하는데 애를 먹는다. 보다 유연하고 이동이 자유로운 노동 시장이 보다 단기적이고 편의적인 종업원의 태도를 만들고 있다.

그러나 높은 혁신성과 장기적 경쟁력을 위해서 회사들은 종업원들이 내면화된 심리적 헌신을 보여주는 자세를 갖도록 만들 필요가 있다. 이런 자세에서 종업원들은 자기 일에 혼신을 다한다. 이런 종업원들은 회사의 목표에 헌신적이고 회사의 성공을 자신의 개인적 성공과 연계시킨다. 이들은 회사의 문화에 완전히 흡수되어 회사 리더의 행동과 성과 표준을 자기 것으로 내면화한다. 이들은 회사와의 고용관계를 단순히 편의적인 임금 계약 이상의 것으로 생각한다.

종업원들이 마음에서 우러나 헌신하게 만드는 고용 조건은 상당히 드물다. 대개는 신규기업이나 기타 벤처기업에서 볼 수 있다. 대기업보다는 소형 회사들이 이런 분위기를 만드는데 더 유리하다. 캘리포니아의 하이테크 회사들과 기타 미국 회사들이 대체로 낮은 신뢰와 노사간의 의심과 불만에 찬 순종 등의 전통에 젖어있는 유럽 회사들보다 종업원의 내면화된 헌신을 더 잘 유도하는 것 같다. 그러나 우수한 성과를 달성하는 데는 바로 이 종업원들의 헌신하는 자세가 필요하다. 마음에서 우러나오는 헌신은 제품 혁신, 새로운 아이디어의 개발과 활용을 가능하게 하고 감독과 관리, 업무 지침을 필요 없게 해주어 운영비를 절감한다. 혁신적이고 유연한 회사는 바로 이 종업원들의 내면화된 헌신의 결과이다.

기업 리더들이 해야 할 숙제는 바로 이를 위한 적절한 환경을 만드는 것이다. 이틀 동안 외부에서 진행되는 회사 문화 배우기 활동 같은 것은 그다지 큰 효과가 있을 것 같아 보이지 않는다. 이를 위해서는 종업원 교육과 개인 전문성 개발에 큰 투자가 필요하며, 초점은 모든 종업원이 장기적으로 자신을 회사의 주주로 생각하게 하는 유동적인 대화

채널과 보상 체제에 둔다. 프로젝트 중심 관리 모델과 성과급제도는 완전히 그 반대의 효과를 낼 수 있다. 이들은 단기적 목표 달성에 초점을 두기 때문에 종업원의 헌신보다는 오히려 과도한 편의주의를 낳을 수 있다. 성과급제도와 투자자주식소유제도(stakeholder share-ownership)는 서로 밀접하게 관계되는 듯이 보이지만 종업원의 자세와 기업 성과 결과에서 나타나는 차이는 매우 크다고 할 수 있다.

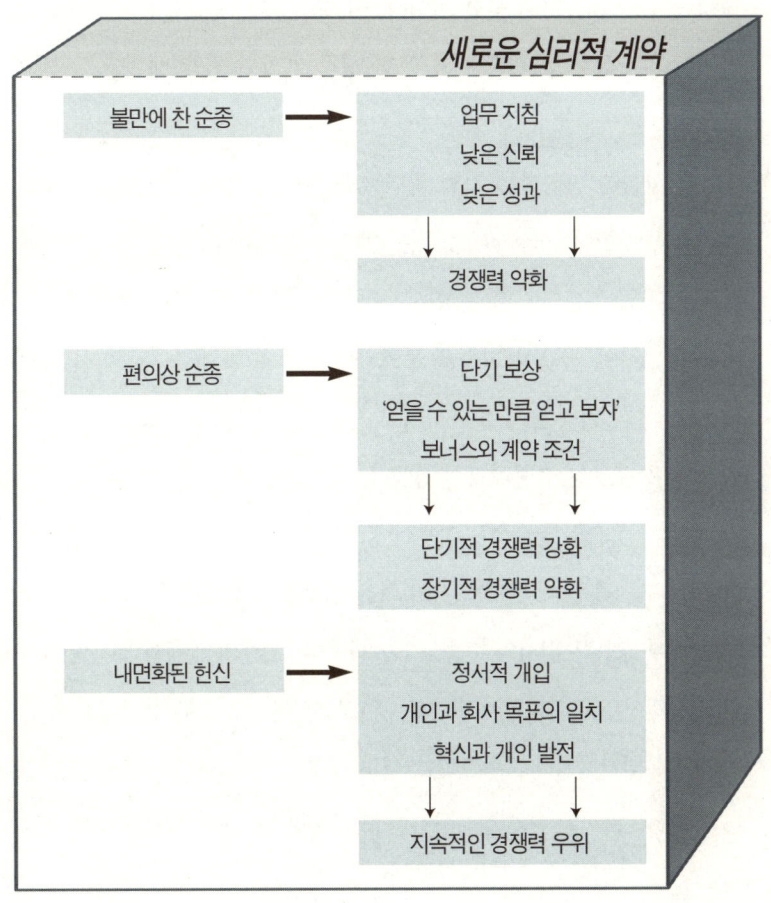

⣿ 두뇌로는 충분하지 않다

지식 경제에서 경쟁력을 얻으려면 기업들은 계속해서 혁신해야 한다. 글로벌 시장이 그들로 하여금 계속해서 상품 포트폴리오를 바꾸도록 강요하기 때문이다. 이것은 인간의 창의력이 기업 운영의 핵심 전략이 됨을 의미한다. 창의력 없이는 첨단 정보 시스템과 인터넷 기술도 경쟁력 우위를 제공하지 못할 것이다. 이러한 첨단 기술의 능력은 사람의 아이디어와 실험, 그리고 이를 통한 상품 개발이 있을 때에만 그 빛을 볼 수 있다.

이 사실을 인정하는 기업 리더들과 정책 입안가들은 기술과 학습, 학력을 중시한다. 물론, 이것들은 각각 모두 중요하다. 그러나 교육과 훈련에 거의 투자하지 않는 회사들이 너무 많다. 대부분의 종업원들은 여전히 업무에 필요한 기술을 동료와의 비공식적 대화나 독학을 통해 배운다. 특히 이것은 사내 인사이동 직후에 종업원들이 새로운 업무 수행 방법을 배우는 전형적인 방법이다.

기술과 학습의 중요성은 아무리 강조해도 지나치지 않다. 기술과 학습은 현상 유지를 통해 현재 회사가 하는 업무를 보강해준다. 다시 말해서, 회사 내부 교육은 일치와 순응을 가져다준다. 기존의 관행이 계속되면 개인의 창의성은 파괴되기 마련이다. 동료들이 새로운 업무 방식에 대한 아이디어를 제시하거나 교육 프로그램의 내용에 대한 의견을 제시하면, 그들은 비협조적이고 회사에 헌신하지 않는 사람이라는 딱지가 붙는다.

마찬가지로 개인의 학력과 공적을 너무 중시해도 기업의 창의성을 기르기 어렵다. 특히 현대의 지식 경제에서는 더욱 그러하다. 미국과 유럽의 젊은이들 중 거의 절반이 대학과 그 이상의 학교 졸업장을 가지고 있는 상황에서 이러한 졸업장은 개인의 창의력을 보여주는 신뢰할 수 있는 척도가 될 수 없다. 이 졸업장들이 증명할 수 있는 것은 단지 현대 사회에서 점점 더 많은 젊은이들이 장기간의 학습을 한다는 것뿐이다. 이것은 개인의 창의력은 물론 자기 개발과도 혼동되어서는 안된다. 정도는 다르겠지만 이 졸업자들은 강의와 독서, 인터넷을 통해서 정보를 익혔다. 졸업장을 받기 위해 이들은 정보를 흡수했다. 이 과정은 개인의 창의력 배양과는 무관하다. 대학교육에 실망해서 중퇴한 유명한 기업가와 예술가, 작자, 발명가 등을 통해 알 수 있듯이 오히려 창의력에 역효과를 줄 수 있다. 혁신적인 성과를 위해 개인의 창의력을 촉진하려면 기업들은 종업원의 지능을 도모하는데 초점을 두어야 한다. 이 지능의 세 가지 영역은 지적 지능, 정서적 지능, 사회적 지능이다. 기업이 고효율 문화를 정착시키려면 이 세 가지를 모두 이용해야 한다.

지적 지능은 심리 검사에서 측정된다. 심리학자들은 사람의 지능 '지수'를 계산하기 위해서 수없이 많은 검사와 인벤토리(inventory, 카운슬링용 인물 조사 기록: 역자) 등의 방법들을 개발했다. 이러한 검사 점수를 기준으로 사람들은 '지능이 높다', '평균 이상이다', '평균이다', 또는 '평균 이하다'라고 평가된다. 회사들은 선발 과정에서 이 평가를 이용하고 가장 지능적인 사람들, 그러므로 회사의 요직에 '적격인' 사람을 뽑았다고 생각한다. 가장 점수가 높은 사람들이 회사의 성공에 가장 많이 기여할 것으로 기대된다. 미국과 유럽의 교육 체제는 사람들의 지적 지능에 대한 가정을 중심으로 짜여진다. 그리하여 다음과 같은 공식이 성립된다. 지능=지적, 지능=학문적, 지능=학교, 졸업장=개인의 성공.

지능검사와 인벤토리로 측정된 지적 지능은 개념화하는 능력을 보여준다. 다시 말해서 추상적으로 생각하는 능력이다. 이것은 과학자와 수학자, 예술가, 작가들에게 필요한 능력이다. 물론 기업에서도 필요한 능력이지만 지적 능력으로는 충분하지 않다. 기업에서는 정서적 능력과 결합된 지적 능력이 필요하다. 개념적 능력과 상상력을 갖고 있지만 인내심과 자신감, 자제력이 없는 아이들을 보면 알 수 있다. 마찬가지로, 좋은 아이디어를 많이 생각해내지만 그것을 적용해서 획기적인 신상품을 만들지 못하고 포기하는 동료들도 있다. 지적 능력을 보고 사람을 채용하는 것은 그것이 정서적 능력과 결합하여 있지 않는 한 충분하지 못하다. 대학들과 그 이상의 교육 시스템들이 대체로 이 문제의 심각성을 깨닫지 못하고 있으므로 기업들에게는 더 중요한 문제가 된다. 기업들이 회사의 인적 자원을 백 퍼센트 이용하려면 정서적, 지적 능력에 사회적 능력까지 겸비되어야 한다. 사회적 능력은 종업원들이 자신의 아이디어를 표현하고 자신의 주장을 일관성 있게 제시하는 능력을 의미한다. 동시에 다른 사람들과 협력하는 능력, 정확한 의사전달 능력, 동기부여 능력도 포함된다. 이러한 자질 없이는 지적 능력에서 오는 통찰력이 혁신적인 제품과 서비스로 연결되지 못한다.

두뇌로는 충분하지 않다

교육	⟷	졸업장
지적 능력	⟷	추상적 개념화
		문제 해결
		해석
정서적 지능	⟷	자신감
		직관
		공감
사회적 지능	⟷	아이디어를 표현하고 나누기
		사람들과 협력하기
		사람들과의 관계 다루기

　기업의 성공을 위해서 회사들은 개인의 지능에 대해 다시 생각해볼 필요가 있다. 지능에 대한 정의를 보다 확장해서 사회적 지능과 정서적 지능까지 포함시켜야 한다. 어쩌면 한 발 더 나아가 전통적인 IQ 지수 개념을 버리고 새로운 시각으로 사원들을 보아야 할지도 모른다. 예를 들면 정서적, 사회적 지능을 우선으로 보고 사람을 선발하고, 이 두 가지 능력이 높으면 지적 능력도 향상될 수 있다는 시각이다. 팀의 역동성, 사회성, 개방된 의사전달 채널을 통해서 회사에 헌신하는 분위기를 만든다면 종업원에게서 최고의 창의력을 이끌어내는 문화를 만들 수 있다. 높은 성과, 높은 효율을 위해서 필요한 것은 기업 지능이다. 지적으로 영민한 사람보다는 정서적, 사회적 능력을 가진 사람들이 기업 지능에 기여할 가능성이 더 크다.

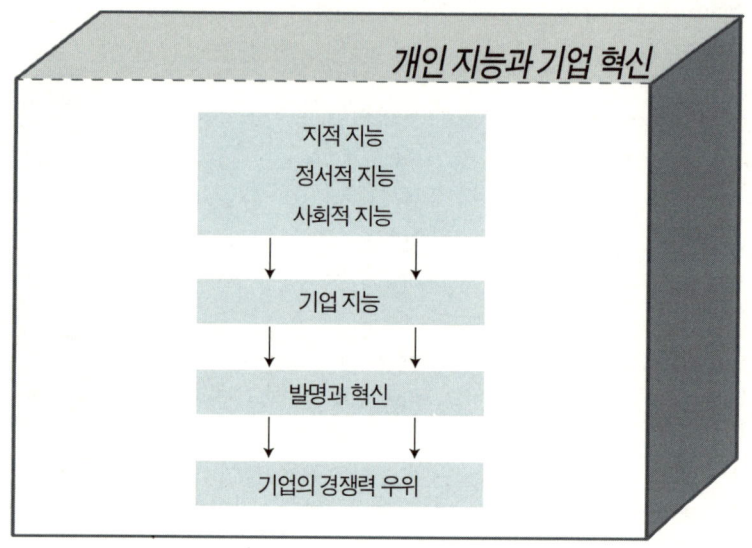

개인 지능과 기업 혁신

지적 지능
정서적 지능
사회적 지능

↓   ↓

기업 지능

↓   ↓

발명과 혁신

↓   ↓

기업의 경쟁력 우위

᎒᎒ 여성은 지적인 회사 동료이다

산업화 이전의 농경사회 유럽에서 남성과 여성은 노동 분업에서 같은 일을 맡았다. 즉 가족의 생존을 위해 잉여 가치를 만들기 위해 남성과 같이 여성도 밭에서 일했다. 일과 여가 사이에 구분은 거의 없었다. 일과 여가는 마을 사람들이 모여서 추수를 감사하는 등의 종교 의식으로 통합되었다. 동시에 가정과 일도 거의 다르지 않았으므로 구분되지 않았다. 가족 관계가 일 관계였고 가족의 활동이 경제 생산 활동이었기 때문이다.

가정 중심의 활동 네트워크 안에서 남성과 여성, 성인과 아이들이 할 일이 나뉘어졌다. 풍습과 관습에 따라 어떤 일은 여성에게 또 어떤 일은 남성에게 더 잘 맞는 것으로 간주되었다. 18세기와 19세기 산업혁명과 함께 이러한 패턴은 자연스럽게 공장으로 이전되었다. 영국 북부 지방의 면화 공장은 여성에게 알맞은 일터가 되었고 조선과 제철소와 같은 중공업의 성장은 남성을 위한 일자리를 만들었다.

19세기와 20세기 초의 중공업 제조업의 발달로 공장의 일자리는 남성의 일자리를 의미하게 되었다. 이러한 산업의 노동 집약적 특성 때문에 신체적 힘의 가치가 높아졌던 것이다. 당시에는 기술이 크게 발달하지 못해서 대부분의 일이란 물건을 한 장소에서 다른 장소로 들어서 옮기는 것이었고, 또 장시간 일해야 했으므로 신체의 지구력이 많이 요구되었다. 신체장애나 과로와 같은 산업재해가 많았다. 대부분의 유럽 국가에서 퇴직 연령을 법으로 정했는데, 60세 초반에서 중반까지로 산업 근로자들의 평균수명을 넘는 것이었다. 대부분의 근로자들이 퇴직 연령까지 살지 못했으므로 정부의 연금 부담은 크지 않을 것으로 생각되었다. 설사 퇴직 연령까지 산다 해도 그리 오래 살지 못했다.

이러한 과정의 일환으로 여성은 대규모의 경제 활동 영역에서는 제외되었다. 여성은 급속히 팽창하는 미국과 유럽의 제조업 분야에서 필요한 신체적 능력이 부족하다고 생각되었다. 전시를 제외하고는 여성에게는 저임금의 사무직이 주로 맡겨졌고 전후에는 확장된 보건, 복지, 교육 분야의 일이 맡겨졌다. 무엇보다 중요한 것은 여성의 주된 역할이 주부로 정의되었다는 것이다.

20세기 후반에 대기업들이 출현하면서 관리직의 성장이 이러한 패턴을 더욱 굳혔다. 20세기 대기업들의 복잡한 관리문제로 발생한 관리구조와 감독 구조는 남성들을 위한 직장 구조를 탄생시켰다. 남성 회사원들이 출현했고, 그들의 충성과 헌신의 보답으로 질서정연한 승진과 발전이 주어졌다. 회사에서 업무를 충실히 수행하기 위해서 남성 회사원은 그에게 정서적, 사회적, 그리고 관리 '서비스'를 제공해서 그가 완전히 회사 일에만 집중할 수 있도록 결혼해야 한다고 생각했다.

과거 이야기는 여기서 끝내기로 하자. 이제는 상황이 바뀌었다. 가정과 직장에서의 역할을 포함해 남성과 여성의 관계에 대한 생각을 기본적으로 흔들어 놓은 성혁명이 일어났다. 남성과 동등한 기회를 여성에게도 부여하기 위해 교육 체제가 확대되었다. 남성과 동등한 성공과 보상을 기대하면서 여성도 단호하고 자신감 있는 여성상을 만들었다. 여성의 경제적 능력은 원한다면 독립적으로 살 수 있는 선택을 가능하게 했다. 자아실현 욕구와 함께 이런 변화는 여성들이 함께 사는 남자와 관계의 성격을 끊임없이 평가하게 해주었다. 그 관계가 제대로 되어가지 않는다 싶으면 바로 헤어졌다. 아이의 출산도 '타인'보다 '나'를 우선시하는 세태를 막지 못했다. 여성이 남성보다 더 자기중심적이라는 얘기가 아니라, 성혁명이 남성과 여성 모두가 확고하고 자신감 있는 태도를 보이는 개인주의 문화를 출현시켰다는 것이다. 많은 여성이 과거의 순종적이고 의존적인 여성상을 거부했다.

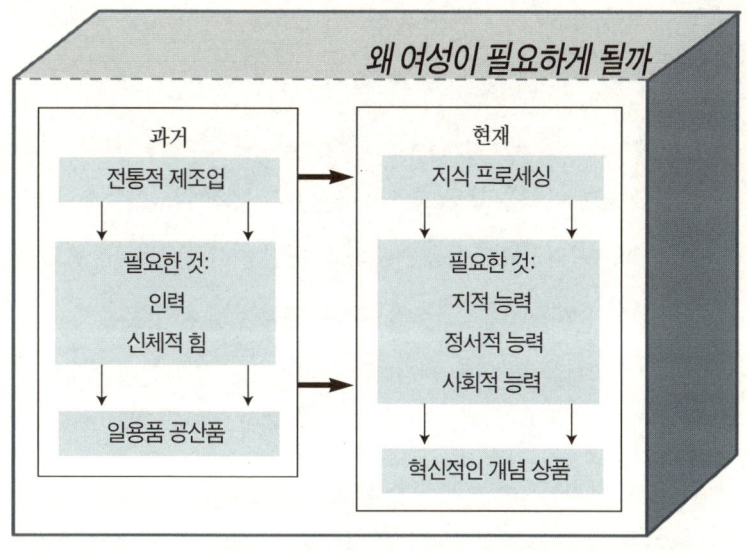

왜 여성이 필요하게 될까

과거	현재
전통적 제조업	지식 프로세싱
필요한 것: 인력 신체적 힘	필요한 것: 지적 능력 정서적 능력 사회적 능력
일용품 공산품	혁신적인 개념 상품

　　지식 기반 기업들은 생존을 위해 끊임없이 변화해야 한다. 이 기업들은 직원들의 두뇌를 최고도로 이용해야 한다. 이것은 효과적인 팀 활동과 대인 기술을 통해서만이 가능하다. 같은 프로젝트 팀 내에서 일하는 동료들 간의 협력이 아주 중요하다. 기업 리더십 형태는 직원들로부터 아이디어를 끌어내는데 도움이 되어야 한다. 복잡하고 어려운 문제들은 개방적이고 솔직한 방식으로 그 문제를 공개하고 토론함으로써 해결해야 한다. 프로젝트 중심 기업은 동료 간의 무언의 이해, 공감, 직관을 매우 중요시한다. 이것들은 모두 남성보다는 여성에게서 더 많이 나타나는 특성인데 그 이유는 성장기와 학교와 동년배 집단에서의 사회화 과정 때문이다. 지식-기반 기업들은 이러한 기술에 의존한다. 이러한 기업에는 연구소, 미디어 회사, 하이-테크 회사, 그리고 교육 수준이 높아지고 자

기주장이 강해지고 있는 시민들을 상대해야 하는 공기업들이 속한다. 이러한 조직에는 개인적 경쟁, 동료들의 정보 감추기, 한 사람을 우두머리로 추켜세우기, 그리고 기타 '남성주의' 관리 문화 특성이 들어설 자리가 없다. 이러한 특성은 주로 제조업 회사들의 문화이다. 제조회사들은 리더십보다는 관리의 필요성을 강조하고, 혁신과 실험보다는 순응과 복종을, 복잡성과 변화보다는 조직의 질서와 안정을 더 중시한다.

지식기반 기업들은 다른 패러다임을 가지고 운영한다. 종업원의 지적, 정서적, 사회적 지능에서 나오는 혁신과 변화를 가장 중시한다. 성과 관련된 사회화 경험으로 미래 기업에서 여성들의 성공이 남성보다 더 유리하다. 여성들의 개인적 사회화 과정은 여성들에게 공감하고, 암묵적 지식을 함께 나누고 협력하고 아이디어를 함께 나누는 능력을 심어준다. 실적이 높은 기업으로 성장하려면 바로 이런 능력이 필요하다. 여성의 능력을 간과하는 기업은 스스로 위기를 자초하고 있는 것이다. 그렇다면 왜 오늘날 기업에서 고위직을 차지하는 여성이 거의 없는 것일까? 어째서 종업원의 창의력을 충분히 이용하는 회사가 거의 없는 것일까?

▪▪ 직장은 불안하고 보상기준은 없다

어떤 사람의 생산성을 정확히 측정할 수 없을 때 어떤 기준으로 그 사람의 급료를 결정할 수 있을까? 영업사원, 매장 직원, 유형의 제품을 생산하는 사람의 성과는 정확하게 파악될 수 있다. 성과와 실적을 모니터하고 평가하는 기준을 설정하는 것이 20세기의 기업 관리에서 가장 어려운 문제 중의 하나이다. 초기 자동차 공장들이 채택하고 후에 대형 제조업 전체로 확산되었던 단가(piece-rate) 시스템이 바로 이를 극명하게 보여주는 사례이다. 이 시스템으로 근로자들의 임금을 계산하면서 시간 전문가와 동작 전문가, 작업 연구 엔지니어, 기타 전문가들이 출현했다. 평사원들이 공정한 보상을 받으려는 욕구가 노조의 성장을 가져왔고, 필요한 노력과 기술, 훈련, 책임에 따라서 '업무에 따른 보수'를 협상하는데 주로 이 단가(piece-rate) 시스템이 사용되었다.

이 시스템은 회사 내 임금 차이의 근거를 제공했다. 그 결과 기업은 계급적 보상 체제를 갖게 되었고, 이것은 나이가 많고 그 회사에서 가장 오래 근무한 사람이 가장 높은 임금을 받는다는 것을 의미했다. 대부분의 종업원들이 임금 차이가 공평하고 공정하다고 생각했다는 것이 이 시스템의 한 가지 중요한 기능이었다. 근로자들의 소요가 있던 때도 있었지만, 대체로 기술과 책임, 훈련에 따라 임금이 차등 지급되는 이 시스템을 수용했다.

그러나 정보화 시대의 등장은 이 모든 전통적 관행들을 창문 밖으로 날려버렸다. 대부분의 종업원들은 정확한 실적과 성과 기준으로 쉽게 측정할 수 없는 업무를 수행한다. 두뇌를 가지고 일하는 사람들은 과거의 생산 공정 근로자처럼 작업 연구를 통해 성과를 측정할 수 없다. 꼭대기에서 바닥까지 현대 기업에서는 종업원들의 급료를 정할 수 있는 명확한 기준은 더 이상 존재하지 않는다.

기업 고위직의 경우 어떻게 월급이 정해지는가? 대체로 그들은 지나치게 많이 받고 있는가 아니면 덜 받고 있는가? 월급이 기업의 주식 가치와 연계되어야 하는가? 그들의 수요를 결정하는 타당한 시장은 어디인가? 지방, 국가, 지역에 따라 또는 세계적으로 정해진 급료가 있는가? 아니면 소위 말하는 개인의 기술에 따라 정해져야 하는가? 구인 광고에 그렇게 자주 등장하는 리더십, 창의력, 열정 등의 자질은 어떻게 수량화되어 보상에 반영되어야 하는가? 객관적 기준이 있을 수 없다. 그 결과 월급을 더 적게 받는 종업원들은 끊임없이 회사의 보수 체제의 형평성에 의문을 제기하고 더 많은 월급을 받는 사원들이 정말 그 만한 가치의 일을 하고 있는지 묻게 되었다.

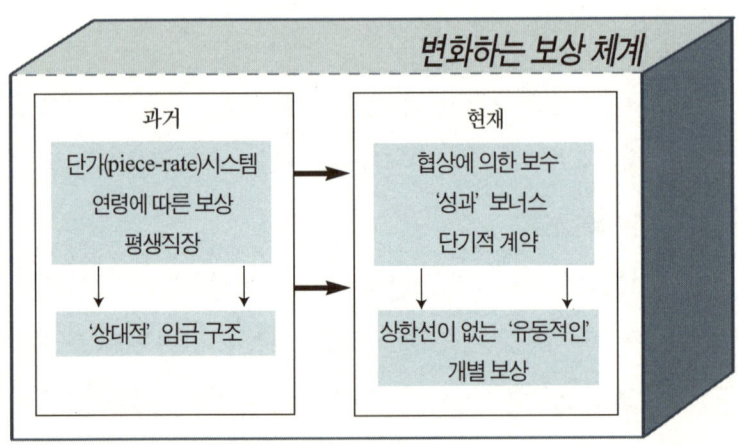

미국과 유럽의 많은 국가에서 많은 공기업과 사기업에서 불공정 임

금 문제가 증가하고 있다. 이러한 문제들은 집단 기업 문화를 파괴하고 그와 함께 종업원들의 헌신하는 자세도 흩트린다. 기업 리더의 위치에 오른 사람들은 세계에서 가장 창의적인 리더일지는 모르지만, 그들 월급의 25% 이하의 월급을 받는 동료들과 일한다면, 종업원들의 사기와 동기가 약하여 회사의 목표를 달성하기 어려울 것이다.

영국과 미국은 아주 불평등한 사회가 되어가고 있다. 범죄율과 도시 폭력의 증가로 알 수 있듯이 분노한 하층민이 더욱 눈에 띄고 있다. 기업의 보상 체계와 기회 구조가 점점 더 불평등해 지고 있으며, (두뇌와 같은) 무형적 자신을 사용해서 일하는 사람들은 그들의 성과가 객관적 기준으로 측정될 수 없기에 점점 더 많은 보상을 요구할 수 있게 되었다. 그 밖의 종업원들은 회사에 헌신하는 자세가 더욱 약화되어 결국 생산성 감소와 기타 비효율이라는 결과를 낳고 있다 (연구 조사에 따르면 회사원들의 80%가 회사에 대해 헌신할 마음이 없다고 말했다고 한다). 지식 경제에서 종업원들은 파업을 하지 않는다.

어떤 CEO도 혼자서 회사의 실적을 올릴 수는 없다. 그들은 초인간적 유명인사로 간주해서 신화적 인물로 만든다면 그들의 추락을 앞당길 뿐이다. 최근에 있었던 British Airways, Coca-Cola, Disney, Marcony, 기타 많은 기업들의 CEO들이 겪은 몰락을 봐도 알 수 있다. 임명된 CEO들은 많은 연봉을 받고, PR 회사들은 세계 시장의 흐름, 성과급 시스템, CEO의 수요를 보여주는 것이라며 떠들어댄다. 그들은 이와 관련된 자세한 기준은 설명하지 않는다. 높은 연봉의 이유라는 세계적 수요를 증명할 수 있는 CEO가 얼마나 될까? 제조 회사의 매장 직원의 생산성과 성과를 측정하는데 사용되었던 단가 시스템과 같이 정확하게 그들의 직무가 설명되었는가?

우리는 고용 관계에 대한 단기적이고 편의적인 태도가 만연된 세상에 살고 있다. 이러한 태도는 공기업과 사기업, 고위직에서 말단까지 팽배해 있다. 팀워크와 헌신적 자세, 기업 문화의 배양을 강조하면서 회사들이 사원교육 프로그램에 쏟아붓는 자원을 생각하면 대단한 아이러니가 아닐 수 없다. 점점 더 많은 종업원들이 기업 황제들이 옷을 입지 않은 벌거숭이임을 알아차리면서 이 모순은 더 분명해지고 있다. 어쩌면 이것이 그렇게 고액의 연봉을 받고 퇴직할 땐 엄청난 퇴직금을 받은 전직 CEO들이 심리적으로는 황폐한 여생을 보내는 이유일 지도 모르겠다. 그들은 자신이 실패했음과 자신이 우리를 속였다는 것을 알고 있음도 인정해야 한다. CEO로 선출되지 않는 우리들로서는 불확실한 미래를 갖고 있는 자기 일의 성과를 평가할 객관적인 유형의 기준이 없음을 알고 가능한 최고의 보수를 받도록 협상하는 것이 최선이다. 협상에 도움이 되는 모든 기준을 사용해서 얻어낼 수 있는 만큼 얻는다.

▌▌ 실력위주 기업 문화

기업들은 계속해서 종업원들을 공정하고 평등하게 대우하고 있다고 자랑한다. 법적 문화적 변화는 기업들로 하여금 특정인 후원, 편파주의, 특정인 발탁이 없는 실력위주 조직이 되도록 강요한다. 법도 남성과 여성에게 공평한 기회를 그리고 인종과 언어, 국적에 따라 차별 없이 기회를 제공할 것을 주장한다. 나이에 따른 차별도 이제는 많은 국가에서 불법이 되었다. 이것은 개인의 특성을 무시하고 개인의 실적을 우선시하는 추세를 더욱 강화시킨다.

이러한 법적 변화는 종업원 구성 변화와 정보 경제에 따라 달라진 기업 문화에 의해 가속화되고 있다. 지식 종업원들은 자신의 가치에 대해 훨씬 더 큰 기대를 갖고 있다. 이를 추구하면서 그들은 다른 사람들의 기여와 비교하여 자신의 기여가 공정하게 평가되고 취급되기를 기대한다. 기업의 중간 관리자에 오르는 여성이 증가하고, 이 여성들은 자기 회사가 기회 평등 정책을 실천하고 유지할 것을 주장한다. 이러한 주장은 정치계에도 반영되어 기업의 행동을 감시하는 법을 제정하는 압력으로 작용한다.

그러나 기업이 실력위주로 가고 있는가? 분명히 기업들은 실력위주로 가야 할 필요를 보다 절실하게 느끼고 있으며, 사원 평가 제도를 널리 사용하고 있다는 것이 이를 반영한다. 사원들의 기술과 교육의 필요성을 평가할뿐 아니라 사전에 합의된 목표를 달성했는지 평가하는 것이 아니라면 사원 평가 제도가 무엇에 필요하겠는가? 이 평가제도의 목적은 사원들에게서 최고의 능력을 도출해내는 것이고, 회사는 이것을 직원들의 개인적 발달을 돕는 장치라고 제시한다. 아주 훌륭하다. 표면적으로는 분명히 아주 좋다. 그러나 실제 현실은 완전히 다를 수 있다. 현대 조직에서 성공하려면 이 '숨겨진' 현실을 이해하는 것이 중요하다. 사실 분산되고, 탈중앙화되고, 사업단위 중심으로 가는 현대 기업의 추세가 과거 중앙화되고 관료적인 기업보다 실력주의 정도가 떨어지고 있다.

관료주의는 기본적으로 규칙과 규제, 절차를 중심으로 형성된다. 어떤 업무가 어떤 방식으로 이루어져야 하는지에 관련해서 업무 지침이 만들어진다. 그리하여 의무와 책임, 책임한계를 명시하는 명확하게 정의된 보고 체계에 따라 업무가 계급 구조로 형성된다. 성과와 보상이 매우 투명하다. 개인의 독창성과 재량의 개입 여지는 거의 없다. 종업원들은 단지 업무 지침에 명시된 일만 하면 된다. 그 이상도 그 이하도 필요 없다. 동시에 그 일에 대한 보수를 받으면 그뿐이다.

20세기 초에 독일 철학자 막스 베버(Max Weber)는 관료주의는 정확하게 업무와 그 책임을 정의하므로 관료주의야말로 가장 효율적인 관리 형태라고 말했다. 관료주의는 기업 관리에도 효율적이다. 왜냐하면 특정인 후원이나 편파주의가 아니라 개인의 자격과 능력을 근거로 사람을 임명하기 때문에 공정하다. 관료주의는 본질적으로 실력주의다. 승진과 임면의 기준이 투명하고 그 절차도 분명하기 때문이다. 개인의 재량이 개입할 여지가 없다.

탈중앙화되고 탈관료화한 조직 형태에서는 개인 재량의 역할이 두드러진다. 사업단위 중심 기업의 전략적 의도는 사원들에게 의사 결정권을 나누어 주어 급속하게 변하는 기업 환경에서 유연하게 대응할 수 있도록 사원들이 판단하고 결정하는 조직 단위를 만드는 것이다. 이것은 기업 리더들이 사업 단위의 우두머리로서 마치 사주처럼 행동할 것을 요구한다. 그들은 인적 자원과 자본을 활용해서 정해진 목표를 달성하는 방법을 정하는 자율권도 주어진다. 이러한 조직의 패러다임은 관료주의 조직과는 완전히 반대다. 개인의 재량권이 정형화되고 정착된 규칙과 절차보다 우선한다.

사업단위 중심 기업의 사원들은 관료주의에서 오는 명확한 규칙과 업무 지침의 보호를 받지 못하므로 부당한 대우를 받을 가능성이 있다. 다시 말해서 이 회사들은 실력주의가 아니다. 이에 반대하는 주장으로 프로젝트 중심 기업에는 내부 평가 제도와 성과급 제도가 있다고 말한다. 이것들이 사업 단위 관리자의 권력 남용을 방지하고 자율권과 독창성, 판단, 의사결정의 능력을 펼 수 있는 기회를 제공하여 개인적 성취감을 주면서 관료주의처럼 실력주의가 되게 한다고 주장한다.

문제는 사업단위 책임자의 주관, 편견, 선입견이 사원 평가 시스템에 반영될 수 있다는 것이다. 독립된 사업단위를 관리하는 사람들, 프로젝트를 이끌어 가는 사람들, 사원 평가의 책임을 지고 있는 사람들은 자신이 바라는 사업 계획 실천 방법을 누구보다도 분명하게 알고 있다. 이들은 직원을 평가할 때 사용할 '리더십', '동료애', '팀워크', '애사심', '열정', '에너지', '능력' 등을 잘 알고 있다. 사원 평가 시스템에는 위의 기준들이 공식적으로 분명하고 투명하게 명시되어 있다. 그러나 문제는 이러한 기준의 적용이 주관적 해석에 맡겨진다는 것이다. 사업 단위 책임자마다 적용하는 기준이 다를 것이다. 그들은 직원을 계속 고용하고 싶어 할 때, 상을 주고 동기를 주고 싶어 할 때, 그들을 제거하고 싶다는 신호를 보내고자 할 때, 그들의 재량권과 판단권을 행사할 것이다. 중앙화된 관료 구조를 포기하고 프로젝트 리더십의 중요성이 강조되면서, 종업원에 대한 후원이 더욱 중요해지고 있다. 이러한 추세는 기업 리더들이 종업원에 대한 책임을 다하지 않으면서 더 가속화되고 있다. 기업 리더들은 종업원 문제 관리가 사업 단위 책임자의 임무라고 간주하므로 불만이 있는 종업원이 중앙 본사의 도움을 받기 위해 할 수 있는 일은 없다. 이것은 코끼리 기업이 여러 개의 벼룩 기업으로 분산화하면서 나온 결과이다.

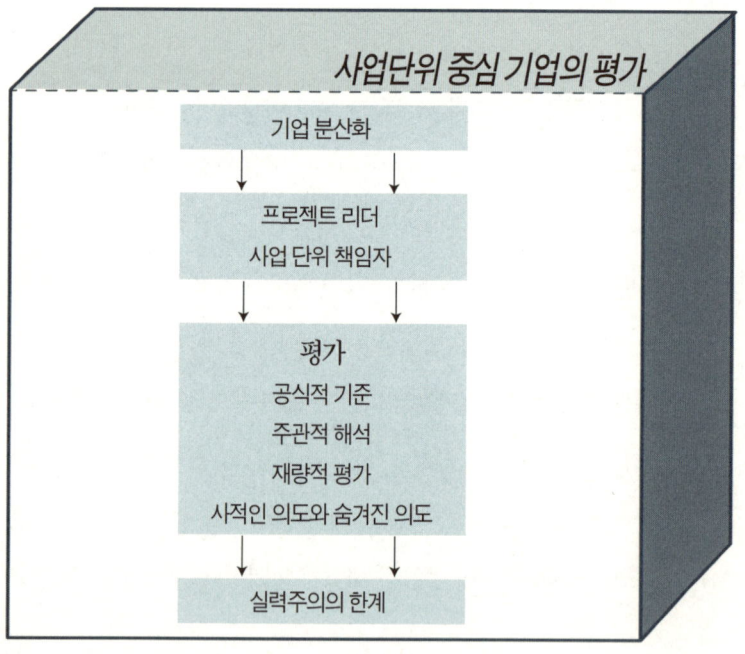

사업단위 중심 기업의 평가

기업 분산화

↓   ↓

프로젝트 리더
사업 단위 책임자

↓   ↓

평가
공식적 기준
주관적 해석
재량적 평가
사적인 의도와 숨겨진 의도

↓   ↓

실력주의의 한계

이렇게 변화하는 기업 환경에서 개인적 성공을 거두려면 대인관계에 아주 세심해야 한다. 사업 단위 책임자와 프로젝트 팀 리더에 따라 심리적 유연성을 보일 수 있는 능력이 필요하다. 자기에게 맡겨진 일을 하되 동시에 사내에서 부서간 이동이나 다른 회사로의 이동이 잠시라도 가능하도록 심리적 거리를 어느 정도 유지해야 한다. 어떤 사업 단위에서 성공하려면 직속 상관인 리더와 평가자의 지원과 가르침이 필요하다. 자신의 평가자가 사용하는 기준에 따른 '리더십 능력'을 보여주어야 한다. 회사 내의 여러 부서로 이동하면서 한 프로젝트 책임자에서 다른 프로젝트 책임자 밑으로 옮겨가면서 이러한 능력을 다양하고 유연하게 발휘할 수 있어야 한다. 그렇기 때문에 성공하려면 모든 사람에게 잘해야 한다. 다시 말해서 사람마다 다른 편견, 선입견, 주관, 일하는 방식을 수용할 준비가 되어 있어야 한다. 다음 주에는 어떤 사람이 상관이 될지 알 수 없다. 어쩌면 회사가 인수된 후에는 지금의 상관이 결재를 받으러 올 수도 있다.

∷ 충분히 활용되지 못하는 종업원들의 능력

기업들은 사원들의 능력을 어느 정도나 사용할까? 고용자가 자신의 능력을 충분히 사용하지 못하고 있다고 생각하는 사원이 얼마나 될까? 대부분의 기업들이 사원들의 능력을 충분히 활용하지 못하고 있고 사원들은 이 문제에 대해 다른 의견을 갖고 있다. 기업이 성장하는 시기에 기업 관리자들은 사원들의 기술 부족이 회사의 발전을 가로막는다고 불평하고 동시에 사원들은 개인의 발전에는 전혀 도움이 되지 않는 따분하고 지루한 일만 시킨다고 불평한다.

이러한 상태가 되는 주요 요인은 경직된 사고방식, 특히 대기업의 인력과 교육을 담당하는 HR부서의 경직된 사고방식이다. 이것은 20세기 제조회사에서 사용되었던 과학적 관리의 유산이다. 과학적 관리에 따르면, 어떤 일을 '가장 잘 할 수 있는 한 가지 방식'을 찾아내서 그 방식에 따라 작업하는 것이 중요하다. 그 방식에 따라 필요한 기술과 필요한 교육을 결정하는 것이 가능하다. 그 결과, 각 개인에게 필요한 교육의 내용을 결정하고 구분하는 확실한 기준을 정하게 되었다. 그리하여 학교 교육과 직업 교육을 받았다는 공식 증명이 매우 중시되었다.

과학적 관리 원칙의 적용은 20세기의 기업 구조를 마치 카스트제도처럼 경직된 기업 구조로 만들었다. 매장 직원으로 시작해서 감독과 관리직으로 올라가기는 더 어려워졌다. 회사 업무에 대한 지식과 장기적 현장 경험 등은 공식적인 졸업증이나 수료증에 비해 중요하게 생각되지 않았다. 어찌된 일인지 역사와 고전 문학을 배운 3년간의 대학교육이 그 회사의 매장에서 20년간 일한 경험보다 더 중요한 것으로 간주되었다. 전자의 경험이 후자의 경험이 갖고 있지 않은 리더십을 보일 가능성이 큰 것으로 평가되었다.

과학적 관리는 기업 관리를 관료주의화했고, 업무연구 엔지니어들과, 경영 컨설턴트, 비용 분석가들은 관리 업무가 수행되는 방식을 관찰하고, 수량화하고, 측정했다. 그 결과 분명한 업무 구분과 지침이 나왔고 어떤 일을 수행하는데 필요한 공식 학력이 명시되었다. 그리고 이것이 미국과 유럽에서 고등 교육의 확대에 기여했다. 졸업생들이 자격을 갖추게 해서 기업의 계급구조 안으로 진입할 수 있도록 하는 것이 교육기관의 의무였다. 필요한 기술과 조건을 찾아서 기업들이 점점 더 국가가 지원하는 교육 시스템에 의존하면서 대기업들의 카스트제도 같은 구조는 더욱 강화되었다. 이것은 대학과 각급 학교들이 '지식'과 '교육'뿐만 아니라 바로 기업에서 이용할 수 있는 구체적 훈련까지 제공해야 한다는 압력으로 이어졌다.

첫 눈에 보기에는 이러한 상황이 엘리트 중심의 조직으로의 변화를 의미하는 것 같다. 공식적인 학력에 따라 사람들의 업무가 결정된다. 그러나 현실은 완전히 그 반대이다. 교육기관들은 절대로 기업이 원하는 훈련이나 교육을 제공할 수 없다. 졸업 직후 기업 구조 안으로 미끄러지듯 들어가 맡겨진 일을 해내는 졸업자들을 대학은 절대 산출할 수 없다. 일반 교육과 특정 업무를 위한 특정 교육은 분명히 다른 것이다. 이 둘을 같다고 취급하는 것은 기업들이 정부와 대학들이 능력 부족이라고 비난할 수 있는 얼토당토않은 기대를 계속 유지하는 것과 같다. 이것은 기업들이 사원들을 교육시킬 의무를 정부와 교육기관에 떠넘기려는 전략이고 정보화 시대에 기업들의 중요한 의무인 직원 교육에 투자하지 않는 기업들의 행태를 정당화하려는 시도이다. 이러한 전략을 고수하면서 기업들은 현장 교육과 전반적인 기술 개선 교육을 게을리 하고 있다.

공식적 학력을 지나치게 중요시하면 졸업장이 없는 사람들의 지식과, 경험, 기술을 평가절하하기 때문에 능력과 실력 위주의 조직으로 만들지 못한다. 이것은 졸업장이 없는 사람들이 승진과 개인 능력 발달의 가능성이 부족하다고 가정하는 것이다. 다시 말해서, 이런 분위기에서는 사원 능력의 활용도가 크게 떨어지게 된다. 동시에 기업 관리자들은 사원들의 능력이 부족하고 그것은 자신들의 책임이 아니라고 떠들게 해준다. 그것은 또 많은 사원들에게 저임금의 단순하고 따분한 일이 맡겨져 전문적 업무에서 배제된다는 것을 의미한다.

이제 경영 이론가들이 업무의 질을 높이고 종업원에게 권한을 위임해야 할 필요성을 주장한 지 수십 년이 흘렀다. MBA 프로그램과 고위 관리자 교육의 폭발적 확대에도 불구하고, 기업 관리자들은 아직도 이렇게 중요한 개념을 파악하지 못하고 사원 교육을 소홀히 하고 많은 기업에서 업무 지침이 돌덩이처럼 확고하게 못박혀있다. 경직된 사고방식이 아직도 만연하고 경제가 어려울 때마다 기술력 부족이 거론된다.

효율적인 기업의 문화는 이렇지 않다. 실적이 좋은 회사에서는 모든 사원들이 가능성을 가지고 있고 사원의 성공과 회사의 성공을 위해서 그들의 능력을 실현시키는 책임은 기업에게 있다고 생각한다. 유연하고 적응력이 뛰어난 조직에서는 업무 지침이 필요 없고 과학적 관리 원칙은 거부된다. 이 회사에서 사원을 뽑을 때는 지적 능력뿐 아니라 사회적 능력과 정서적 능력을 포함한 전반적인 가능성을 보고 채용한다. 효율적인 기업의 HR 전략은 사원을 특정 업무를 위한 특정 기술을 가진 사람으로만 보지 않고 '전체적인' 능력을 가진 사람으로 간주한다.

프로젝트 관리의 원칙과 분산된 사업 단위로의 기업 재구성은 유연하고 전체적인 능력을 필요로 한다. 동시에 전문지식과 구체적인 능력을 가진 사원을 필요로 한다. 그러나 관료주의 조직과는 달리 이러한 능력은 팀 활동에서 개발된다. 동료들과 함께 협력하여 일하면서, 각 개인은 특정 능력과 기술을 개발한다. 자신의 능력을 개발하는데 서로가 서로에게 의존한다. 각 프로젝트 팀이나 사업 단위의 팀원들이 오케스트라의 단원이 된다. 지휘자나 다른 악기 연주자가 없이는 각자의 능력을 실현하거나 개발할 수 없다. 축구 선수나 야구 선수들도 같은 경험을 할 것이다.

오케스트라와 스포츠 팀에서 한 가지 또 흥미로운 사실은 훌륭한 연주나 경기는 시장에서 구매할 수 있는 것이 아니라는 것이다. 축구팀과 야구팀 코치들은 다른 팀에서 좋은 기록을 내서 가능성을 보여준 선수에게 막대한 연봉을 지급한다. 그러나 이 가능성은 팀 내의 다른 선수들과 함께 한 훈련을 통해서만 실현될 수 있다. 코치가 제대로 되지 않고 훈련이 비효율적이면, 새롭게 계약한 선수의 실력은 발휘되지 않을 것이다. 새로운 팀에서 성공하려면 이 선수도 다른 팀 멤버들과 호흡을 맞추고, 그들의 전략을 이해하고, 그들과 공감대를 형성하는 법을 배워야 한다. 다시 말해서 무언의 지식을 배워야 한다. 많은 축구팀과 야구팀이 천문학적인 돈을 들여 스타 선수를 끌어오고도 실패하는 이유가 바로 이것이다. 코치팀이 모든 선수들의 강점과 약점을 함께 이해하는 시스템을 만들지 못하기 때문이다. 단기적 응급책은 효과가 없다.

기업에서도 마찬가지다. 사원 채용 기준으로 학력을 중시한다고 회사의 실적이 높아지지는 않는다. 오히려 그 반대이다. 회사에서 이미 일하고 있는 사원들의 능력을 충분히 활용하지 못하고 그들의 재능을 충분히 실현시키지 못하는 결과를 낳기도 한다. 가장 중요한 것은 그들이 개인의 능력은 학교 졸업장이 아니라 동료들과 협력하여 일하는 가운데서 나온다는 것을 깨닫지 못한다는 사실이다. 동료들과 함께 일하면서 무언의 지식을 배우고, 최종 분석에서 회사의 실적은 이에 따라 달라진다. 무언의 지식은 경영대학에서 배울 수 없고 경영대학 졸업장으로 평가될 수 없는 것이다. 오직 지속적인 상호 조정 과정을 통한 직장 교육과 동료들과의 협업만이 무언의 지식을 가르칠 수 있다. 이것이 뛰어난 스포츠 팀과 그저 그런 팀과의 차이다. 또 이것이 효율이 높은 회사에서 업무 지침과 과도한 관료주의를 제거하여 기술 부족 문제를 완화시키는 이유이다.

사원은 불확실한 직장에서 성공하려고 회사로부터 무엇을 필요로 하는가? 기본적으로 사원들은 업무 교육과 지속적인 전문성 개발 교육을 필요로 한다. 이 요소들 외에 무언의 지식이 있다. 무언의 지식은 각 종업원이 특정 기업 환경이 아니라 보다 넓은 분야에서 자신의 목표를 추구할 때 다양한 환경에서 이용될 수 있다. 개인의 발전을 위해 사용할 수 있는 경험과 통찰력을 얻기 위해 모든 사원을 이용한다. 이런 식으로

기업간 이동은 종업원의 지적 능력뿐 아니라 사회적 · 정서적 능력도 향
상시킨다. 야구선수와 축구선수의 비유가 다시 생각난다. 프로젝트 리
더와의 관계가 일시적일지라도 다음 일자리를 위해서는 그들의 추천이
필요하다는 것을 명심해야 한다.

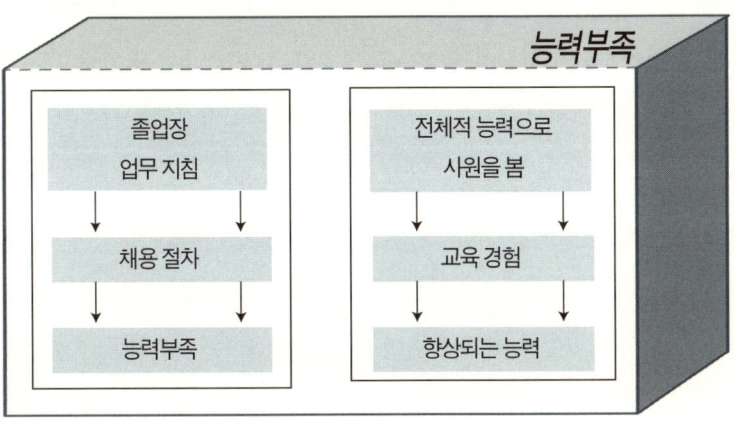

∷ 대안으로서의 창업

직장에서의 경쟁을 대신할 대안이 있다. 자신의 사업을 하는 것이
다. 경영자 역할을 하는 프로젝트 책임자나 사업 단위 책임자에게 보고
하는 대신에 자신이 경영자가 되는 것이다. 많은 지식 산업 회사원들이
이 문제를 고민하고 있다.

정보 시대의 회사 창업은 제조 회사를 여는 것보다 훨씬 더 쉽다. 필

요한 자본 규모도 작고 실패했을 때의 위험도 비교적 쉽게 극복될 수 있다. 두뇌를 가지고 일하는 사람에게는 창업에 필요한 자본이 모뎀과 사무실, 그리고 고객에게 보낼 회사 이름이 인쇄된 송장일 뿐이다. 기타 필요한 기술은 지식과 고객과 파트너로 이루어진 인적 네트워크에서 온다. 이러한 특성은 광고와 홍보, 저널리즘, 심지어는 텔레비전 프로덕션과 같은 미디어 산업에서 특히 두드러진다. 금융 서비스와 경영 컨설턴트, 마케팅과 판매, 그리고 교육과 관리 서비스 분야에서도 확연히 나타난다.

21세기 창업에서 가장 중요한 자산은 고객에 대한 지식이다. 고객 정보를 바탕으로 서비스를 제공하고, 부가 가치가 창출되고, 이익이 생긴다. 서비스 판매에 제조 상품이 따라가야 한다면, 이 상품의 생산은 저가의 생산자에게 아웃소싱할 수 있다. 유형 상품의 유통과 저장도 마찬가지다. 통신 혁명 덕택에 지방, 국가, 지역, 세계의 납품 체인이 만들어졌고 그 결과 소형 업체들도 국제적 거래를 할 수 있게 되었다. 이런 면에서 고객 지식을 기반으로 만들어진 많은 벤처 기업들은 상품과 서비스를 통합 제공하는 회사로 간주될 수 있다. 이것은 그들의 주요 기능이 여러 가지 활동을 고객의 필요에 맞는 상품과 서비스로 만들어내는 것임을 의미한다. 정보 시대의 많은 벤처 기업들이 소위 말하는 가상 기업 네트워크다.

동시에 소형 벤처 기업들도 글로벌 시장에서 상품을 판매할 수 있다. 그들의 활동무대는 더 이상 국내 시장으로 제한되지 않는다. 인터넷은 그들의 상품과 서비스에 대한 정보를 전 세계로 퍼뜨릴 수 있게 해주고 따라서 국제적 거래가 발생한다. 프랑스의 작은 농가들이 시골의 오두막집에서 보내는 휴가 상품을 인터넷에서 판매하고 있고 인도에서 공예품을 만드는 사람들이 컨소시움을 구성해 미국과 유럽 고객들에게 크리스마스 선물로 자신들의 상품을 판매하고 있다.

통신 혁명이 글로벌 시장을 재구성했고 벤처 기업 설립의 기회를 확대했다면 변화하는 소비 문화도 이러한 변화에 마찬가지로 기여했다고 볼 수 있다. 소비자들은 더 이상 몰개성한 대중으로 취급되기를 원치 않는다. 동일한 라이프스타일과 구매 패턴을 쫓던 시기는 끝이 났다. 오늘날의 소비자들은 '차별화' 되기를 바란다. 그들은 자신의 개성과 독특함을 표현하기 위해서 상품과 서비스를 구매한다. 이것은 소비 시장이 전문 시장으로 세분된다는 것을 의미한다. 이렇게 세분화된 소비자 필요를 만족시키는 데는 대기업보다 소기업이 경쟁적 우위를 갖는다. 이러한 추세가 소기업들에게 사업 기회를 제공한다. 동시에 이렇게 세분화된 소비자 필요가 미래에 어떻게 변할 것인지 예측할 수 있다면 벤처 창업의 토대가 될 수 있다.

그렇다면 무엇 때문에 대기업에 붙어있어야 하는가? 특히 기업 구조조정, 인수 합병 등으로 회사의 미래가 불확실하고 직속상관, 실적 평가자, 프로젝트 책임자, 사업 단위 책임자와 매일 부딪쳐야 하는 상황이 일어난다. 대기업에서의 일자리가 그렇게 불안하다면, 자신의 기술을 고용주가 아닌 시장에 팔지 않는 이유는 무엇인가? 왜 고용 관계를 시장 관계로 대치하지 않는가? 많은 종업원들이 그렇게 하고 있다. 창업의 위험이 과거처럼 크지 않고 돈을 벌 수 있는 기회는 더 많다는 것을 많은 사람들이 깨닫고 있다. 게다가 탈중앙화되고 세분된 프로젝트 중심 기업에서 일하는 불안감과 스트레스는 가중되고 있다.

젊은 사람들, 조기 퇴직자, 여성, 소수 민족 출신의 네 가지 부류의 사람들의 벤처 창업이 증가하고 있다. 젊은이들에게 '가능성'을 보여주었다는 것이 닷컴 붐이 물려준 중요한 유산이다. 닷컴 붐은 벤처와 기업 경영이 나이 지긋한 세대의 전유물이라는 생각을 영원히 잠재웠다. 닷컴 붐은 기업 경영자에 대한 새로운 모델을 제시했고 대기업의 대안이 되는 일자리를 제공했다. 고등교육을 받은 젊은이들은 자율권을 중시한다. 이것은 권위와 현상유지에 도전하는 자세로 연결된다. 그 결과 고용 관계를 싫어하고 다른 사람의 부하직원으로 일하기를 꺼린다. 대기업에서의 일을 일시적인 디딤돌로 여기는 젊은이들이 증가하고 있다. 경험을 얻고, 무언의 지식을 배우고 정서적·사회적 기술을 배우기 위해 대기업에서의 일을 참는 것이다. 일단 이런 것들을 배우고 나면 그들은 사표를 내고 자신의 사업을 시작한다.

조기 퇴직자나 정리 해고자들도 창업을 하는 경우가 많다. 대기업에서 연령에 따른 차별이 심하다. 특히 유럽에서는 기회평등법이 완전히 지켜지지 않는다. 회사 합병이나 비용절감을 위한 구조조정이 시행되면 제일 먼저 일자리를 잃는 사람들은 나이 든 직원들이다. 기업들은 이들 나이 많은 직원들의 기술과 경험을 귀하게 여기지 않는다. 회사가 필요 없다고 생각한 직원이 나가서 성공한 벤처 사업가로 변하는 경우를 보면 회사가 귀중한 재능을 던져버리는 우를 범했음을 알 수 있다. 자신의 기술과 회사에서 형성한 인맥을 가지고 그들은 성공적인 사업을 할 수 있다.

회사를 그만두고 자신의 벤처 사업을 시작하는 여성들이 증가하고 있다는 것은 대기업들이 직원들의 재능을 충분히 활용하지 못함을 다시 한 번 증명해준다. 뛰어난 대인관계 기술, 팀을 이루어 일하는 능력, 동료와 아이디어를 나누는 능력에도 불구하고 여성은 여전히 승진에서 제외된다. 여성은 여러 가지 전문 분야에서 구체적인 능력을 발휘하는 데는 적격이지만 프로젝트 책임자나 기업 고위관리자로의 운영 능력은 부족하다는 의식이 지배적이다. 이것은 남성들이 그 이미지로 승진된다는 것을 보여준다. 회사의 실무 차원에서는 성차별이 사라졌는지 모르지만 기업의 고위 전략직에 관해서는 여전히 존재한다. 여성의 사회적 정서적 지능이 회사의 혁신과 경쟁력에 기여한다고 여겨짐에 따라서 앞으로 수십년에 걸쳐서 이러한 경향은 달라질 것이다. 그러나 그때가 오기 전까지는 대기업의 여성사원들은 이를 악물고 참든지 아니면 회사를 그만두고 자신의 사업을 시작 해야 할 것이다. 미국과 유럽에서 후자를 택하는 여성들이 점점 증가하고 있다. 이 여성들은 동일한 분야에서 창업하는 남성들에 비해 더 높은 성장률과 더 낮은 실패율을 보이면서 뛰어난 능력을 보여주고 있다.

소수 민족 출신의 남성과 여성은 특히 주요 대기업에서 소외된다.

기회평등법과 동등한 학력에도 불구하고 이들은 기업 고위직에 오르기 어렵다. 이런 사정이 개선되고는 있지만 젊은이들의 야망을 만족시킬 만큼 그 변화의 속도가 빠르지 못하다. 따라서 이 젊은이들은 상황을 그대로 수용하거나, 변화를 위해 투쟁하거나, 아니면 자신의 사업을 시작함으로써 좌절을 표출한다. 유럽과 미국에는 이들 소수 민족 사업가들이 지배하여 번창하는 경제 분야가 있다. 이들은 변화하는 고객의 필요를 파악하고, 기민한 사업 감각으로 수익성이 매우 좋은 벤처 사업을 시작한다.

벤처 창업의 장점

- 자율권과 직접 관리
- 개인의 창의적 재능 활용
- 대기업에서 경험한 승진 장벽 극복
- 여성, 연장자, 소수민족에 대한 편견과 차별 극복

여러 가지 요인들로 인해 이들 네 집단의 사람들이 벤처 창업으로 방향을 돌린다. 그러나 이러한 변화는 정보 시대의 특성으로서의 전반적인 문화 변화를 배경으로 한다. 기계와 기술 장비보다는 지적 자본과 개인 능력이 더 중요한 자산이 되는 사업 기회가 증가하면서 이러한 문화 변화가 가능해졌다. 동시에 대기업들의 구조 변화도 이 문화 변화에 기여한다. 끊임없이 인수 합병의 위협에 노출되어 있고, 불확실한 글로벌 환경에서 운영되며, 계속해서 변화하는 기업이 직원들에게 불안감과 불확실성을 심어준다. 관료주의 구조 이후에 기업들이 탈중앙화되고 분산된 프로젝트 중심으로 변화하면서 사원들의 불안감은 가중되었다. 여기에다 동료들과 함께 팀을 이루어 일하고, 프로젝트 책임자와 직속상관의 직접적인 관리를 받고, 투명한 성과 측정에 따라 보상받아야 한다. 그러니 회사라는 우리에서 누가 도망치지 않겠는가? 점점 더 많은 사람들이 우리에서의 탈출을 선택하고 있다. 그러면 최소한 자신에게만 책임지면 된다.

새로운
환경을
조직하라
—재편된 기업에서의 생활

경영의 미국화

문화적 다양성 관리가 이제는 모든 MBA 코스의 핵심 부분이 되었다. 미국식 사업 모델이 모든 국가에서 효과적일 것이라는 가정은 이제 사라졌다. 1960년대와 70년대 일본 기업들의 성장은 하버드 대학 교수들과 미국 컨설턴트들이 가르치는 방법과 다른 사업 방식도 있다는 것을 일깨워주었다. 사실 미국식 모델의 문화적 한계는 러시아와 중앙 유럽의 최근 상황이 더욱 극명하게 보여주었다.

그러나 영국은 다른 나라보다도 미국식 모델을 받아들이는데 적극적이다. 영국이 미국식 모델을 채택함으로서 미국과 영국의 관리자들은 다른 유럽 국가에서 사업 관행이 기본적으로 얼마나 다른지 이해하지 못한다. 그 결과 유럽 회사들과 다수의 인수합병, 전략적 제휴, 조인트 벤처가 의도한 목적을 달성하지 못했다. 합병이나 조인트 벤처는 냉정한 전략적 관점에서는 이치에 맞지만 사업 관행의 차이로 목표 달성이 어려울 때가 많다. 그렇다면 미국과 영국식 모델과 다른 유럽 국가의 모델은 어떻게 다른가?

기본적으로 미국과 영국 회사들은 프로젝트 관리 원칙을 중심으로 한다. 1980년대에 회사들의 군살빼기가 감행되어 관리자층이 대폭 제거되었다. 1990년대에는 경영 패턴이 구조 조정되면서 기업들은 고객 중심 사업 단위로 세분되었다. 어떤 경우에는 자회사의 형태로 설립되었고, 또 어떤 경우에는 수익 창출을 위한 사업단위로 설립되었다. 1990년대 영국에서 민간분야 기업들이 했던 것처럼 공공분야 기업들도 적극적으로 이 원칙을 수용했다. 이제는 정부의 여러 분야뿐만 아니라 병원, 학교, 대학, 사회복지 부서도 프로젝트 관리 원칙을 중심으로 운영되어서, 운영 목표, 주요 성공 요소, 성과급 제도 등이 정립되어 있다.

이러한 프로젝트 중심의 조직 개편의 기본적인 목표는 사업 운영의 투명성을 높이고, 개인의 책임을 분명히 하고, 고객 서비스 효율을 높이고, 보수를 성과에 직접 연관시키는 것이다.

이 모든 것들이 프로젝트 중심의 경영 문화를 만들었고 거의 모든 초점이 단기에 집중되어 있다. 인센티브와 보상이 각 사원이 속한 특정 사업 단위의 활동과 직결되어 있으므로 기업은 매우 세분화된 조직 형태를 갖게 된다. 이러한 기업 모델에서는 새로운 기술이 필요하다. 이제는 관리자가 아니라 직원들을 위해 목표와 인센티브를 설정하는 리더가 되어야 한다. 고립되어서 일하는 형태가 아니라 이제는 서로 협력하는 팀 멤버가 되어 일해야 한다. 이렇게 수평화되고 분산된 기업 구조에서는 승진의 기회가 매우 적다는 것을 수용해야 한다. 이제는 회사에 대한 장기적 헌신보다는 목표 달성시 받는 보상에서 동기를 얻어야 한다.

이것은 기타 유럽 지역의 경영 모델과는 크게 다른 것이다. 기업 구조 개편의 원칙은 프랑스나 독일, 기타 주요 유럽 국가에서 완전하게 수용된 적이 없다. 1990년대에 러시아가 이 모델을 도입하려고 시도했을 때, 러시아 경제가 흔들렸고, 부패한 중간 관리자들과 재빠르게 마피아와 손잡은 사람들만 엄청난 기회를 누릴 수 있었다. 이들은 미국식 경영 컨설팅 덕분에 만들어진 독립적인 사업 단위를 경영할 자율권이 주어지고 금융 자원이 주어지자 너무나 즐거워 입을 닫지 못했다. 유럽 선진국의 기업들은 20세기 내내 경제 성장을 가져다준 관료주의 모델을 계속 고집했다. 이 기업들은 계급적 관리 원칙에 따라서 명확한 업무 지침과 구분, 분명한 보고 체계를 유지했다. 의견을 수렴하는 과정이 있긴 하지만 여전히 의사결정은 기본적으로 위에서 아래로 전달된다.

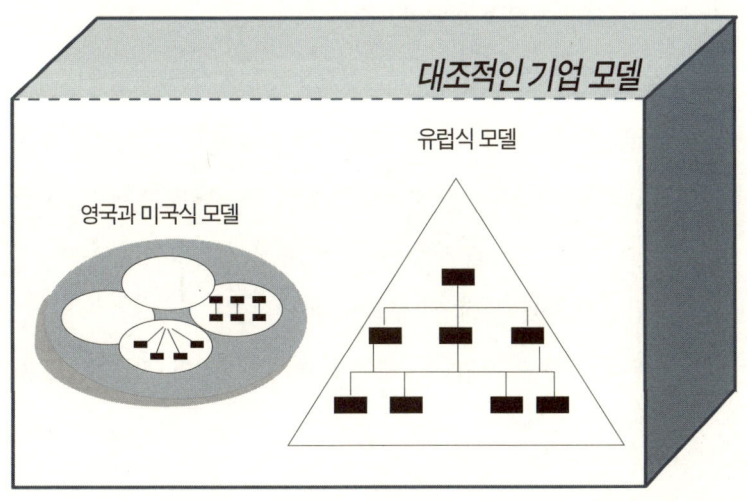

대조적인 기업 모델

유럽식 모델

영국과 미국식 모델

그래서 이 두 가지 모델의 적용 결과는 무엇이며 어떤 모델이 더 나은가? 영국과 미국식 모델의 단점이 현재 드러나고 있음은 분명하다. 탈중앙화된 프로젝트 관리 중심의 원칙으로 근무 시간이 더 길어졌다. 병원이든 소프트웨어 회사나 공장이든 업무 과정을 프로젝트 중심 목표로 세분한다는 것은 불가피하게 필요한 자원을 과소평가하게 만든다. 발생할 가능성이 매우 큰 문제들을 비현실적이게도 간과하는 경우도 많다. 그 결과 프로젝트가 성공하고 목표를 달성하려면 과도하게 장시간 일해야 하는 경우가 많다.

실적 목표에 대한 성공 기준이 자의적일 수밖에 없어서 계속해서 논란의 대상이 된다는 것도 또 다른 결과이다. 영국에서 교사와 의사들이 정부가 적용하는 성과 기준의 타당성을 반박하고 있다. 동시에 성과급 제도 자체에 모호성이 내재되어 있다. 자동차 생산 공장에서는 개개인의 성과가 정확하게 측정될 수 있다. 그러나 R&D 센터나 정부 기관, 대기업의 마케팅 부서 같은 지식기반 활동에서 무엇을 기준으로 종업원의 업무 성과를 측정할 수 있는가?

영국과 미국식 모델 기업에서 탈중앙화된 사업 단위에서 일하는 스트레스 때문에 지치는 사람들이 증가하고 있다. 그렇다면 조기 퇴직을 신청하고 기다리는 사태가 놀랄 것도 없지 않은가? 1980년대와 90년대에 영국에서 오십대들의 노동 시장 참여율이 내려간 것도 이것 때문이 아닐까? 유럽 본토 국가에는 다른 퇴직 사유들이 있다.

이와는 대조적으로 유럽식 경영 모델은 가족 중심의 근무 환경을 제공하고 근무 시간 규정을 준수한다. 이 모델은 사원들이 회사와 장기적 심리 계약을 맺게 만들어 준다. 왜냐하면 사원들은 승진도 하면서 그 회사에서 장기적으로 일하게 될 거라고 생각하기 때문이다. 반면에 목표 중심의 프로젝트 관리 원칙의 회사들도 가족 중심의 근무 환경을 제공할 수 있다. 그러나 만약 사업 계획서를 월말까지 만들어야 하고, 다음 주말까지 광고물을 완성해야 하고, 진찰해야 할 환자 수가 정해져 있다면, 정말로 오후 5시에 팀원들을 퇴근시키고 연간 휴가를 다 찾아쓰도록 해줄 것인가? 어쩌면 이런 이유 때문에 프랑스인과 이탈리아인들의 여유가 그토록 부러움을 사는지도 모르겠다.

자기―경영 구조와 기업의 이중인격

상반되는 힘들이 기업 구조를 형성하고 있다. 한편으로는 관리가 느슨해지고 있고 또 다른 한편으로는 통제가 강화되고 있다. 그 결과 회사가 이중인격이 되고 있으며 회사 내의 긴장과 갈등, 불안감이 고조되고 있다. 어떻게 해서 이렇게 되었을까?

과거의 회사들은 정확한 기계처럼 돌아갔다. 업무는 보수와 의무, 책임에 따라 명확하게 구분되었다. 무슨 일을 해야 하고 어떻게 해야 하는지 지시받은 대로 하면 되었다. 이것은 제조 회사에게 이상적인 모델이었다. 그러나 오늘날의 지식기반 기업에는 전혀 맞지 않는 모델이다.

그래서 요즘에는 브레인파워가 가장 중요한 자산이다. 지속적으로 변화하는 시장에서 기업들은 끊임없이 새로운 상품과 서비스를 개발해야 한다. 상품 수명은 줄어들고 수익률은 축소되고 있다. 경쟁이 더 심해진 국제, 지역, 국내 시장들은 기업들이 더 빨리 움직이라고 재촉한다. 따라서 기업들은 아주 적응이 빠른 사업 모델을 개발해야 한다. 기업의 안정보다는 기업의 유연성이 더 중요해졌다. 이것은 다시 종업원들이 끊임없이 변하는 기대에 따라서 창의적으로 자신의 역할을 바꾸어 주어야 함을 의미한다.

이런 기업 환경에서는 사원들을 '혼자 두어야' 한다. 사원에게 더 많은 권한과 책임을 주고 더 많은 운영 자율권을 주어야 한다. 그런데 많은 사원들이 이를 원치 않는다. 이러한 추가로 부과된 일들이 성과 평가와 보상 체계에 반영되지 않는다면, 왜 그들이 그것을 환영하겠는가? 또 반영이 된다 하더라도, 실적이 우수하고 경쟁력이 높은 기업에서는 사원들이 항상 의사결정을 해야 한다. 매출과 판매 건수를 놓치지 않으려면 상품 개발과 거래 계약, 고객의 마케팅 예산에 대한 결정들을 신속하게 내려야 한다.

회사의 관리를 느슨하게 하는 것이 바로 이런 추세이다. 이런 추세는 20세기의 수직적 관리 체계를 낡아빠진 것으로 만든다. 계급 구조 내의 독재적인 관리자의 시대는 끝났다. 기업들은 입바른 소리가 아니라 정말로 종업원에게 권한을 분산시키는 문제를 심각하게 받아들이고 있다. 이 때문에 기업들은 다른 경영 모델을 찾지 않을 수 없다. 이제 기업들은 포드 자동차 회사와 기타 전통적 제조업체에서 아이디어를 구하지 않고, 대신에 연구 기관과 대학 등으로 눈을 돌리고 있다. 많은 대기업과 중소기업들이 이미 그와 같은 방법을 시작했다. 첨단 제약회사와 하이테크 회사, 미디어 회사들도 그렇게 하고 있다. 우수한 기술력의 직원을 둔 이 회사들은 전통적인 라인(line) 관리가 효과가 없음을 깨닫고 있다. 이 전통적 관리 체계는 심리적으로 사원들의 기분을 상하게 하고 그 결과 기술 혁신 문화를 제한한다. 그래서 도입된 것이 기본적으로 시간과 비용 예산을 중심으로 하는 아주 간단한 관리 방법이다. 팀 리더와 경영진 간에 시간과 예산이 절충되는데, 진전 상태를 검토할 때를 제외하고는 결과를 달성하는데 필요한 모든 결정권은 팀에 주어진다.

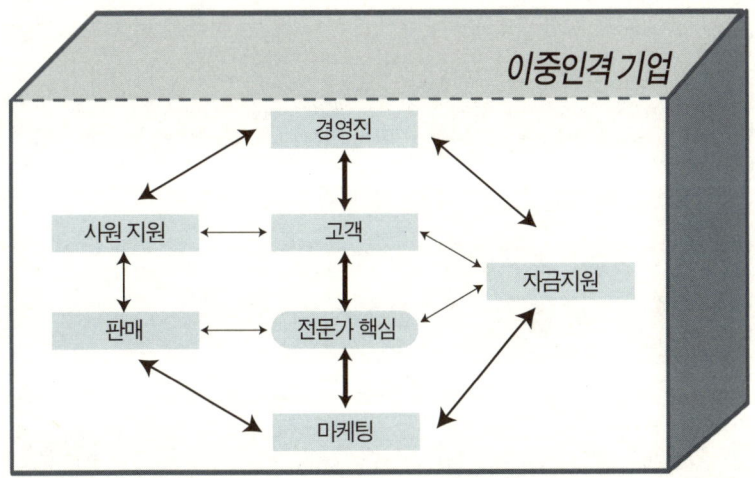

이 새로운 경영 방법은 여러 가지 주요 요소들이 이미 자리 잡고 있다는 가정을 전제로 한다. 권한 위임 경영 형태와 신뢰도가 아주 높은 기업 문화가 정착되어 있어야 한다. 보상 체계는 회사 목표를 달성하는데 사원들의 헌신을 끌어낼 수 있는 것이어야 한다. 팀 책임자는 구태의

연한 관리자가 아니라 효과적이고 창의적인 리더여야 한다. 그러나 무엇보다도 가장 중요한 것은 사원들이 교육을 통해 정서적, 사회적, 기술적 능력을 배워서 동료와 팀 리더가 정한 범위 내에서 자신 있는 결정을 내릴 수 있어야 한다.

그러나 이렇게 자가 경영 원리에 의해 느슨해진 기업 구조는 통제 강화를 동반한다. 이것이 21세기 기업의 이중인격의 또 다른 한 면이다. 운영 자율권이 확장되면서 주요 성공 요소들과 성과 지수들이 정해진다. 목표 달성 방법에 대해서는 자율권이 주어지지만 달성한 성과는 더 세밀한 측정과 검토를 받게 되고 결과에 대한 책임도 커진다. 과거에 방법과 성과에 있어서 자율권을 누리던 사람들이 지금은 성과를 더욱 투명하게 만드는 척도에 의해 검토 받는다. 그리고 그들은 이것을 환영하지 않는다. 민간 분야의 R&D 사람들에게만 해당되는 이야기가 아니다. 성과 평가를 받아야 하는 교사와 교수, 의사, 사회 복지사 등의 사람들이 불만을 토로한다. 성과를 평가하고 그것을 토대로 보상을 정하는데 사용되는 척도의 신뢰도와 타당성에 대해 끊임없이 이의가 제기된다.

조직원리

- 소규모의 탈중앙화된 사업 단위
  - 프로젝트/사업 단위
- 전략적 분권
- 유연성 유지
- 팀 리더십
- 자금 예산, 시간 예산, 사업 계획을 통한 강력한 중앙 관리 통제

이러한 갈등은 사원들의 애사심을 해칠 수 있다. 그러나 이중인격 회사에는 이밖에 다른 긴장 요인들도 있다. 이들 중 많은 요소들이 자기 경영과 관계 있다. 팀의 책임이 무엇일까? 윗사람들에게 알리지 않고 결정할 수 있는 권한의 정도가 어느 만큼일까? 이런 것들이 모호하기 때문에 팀 리더들은 '상관'이 고압적이어서 권한은 위임하지도 않으면서 위임된 권한을 행사하지 못한다고 비난만 한다고 불평한다.

이러한 갈등은 절대 완전히 해소되지 못한다. 이중인격 회사에서는 언제나 중앙으로 집중하는 힘과 밖으로 분산하려는 힘 사이의 힘겨루기가 계속된다. 사업이 잘 되고 있을 때는 관리자들이 통제를 늦추고 사원들에게 권한을 분산시킨다. 그렇지 않을 때는 통제의 끈을 당긴다. 그런데 사실 불경기 때에 오히려 반대로 통제를 늦추어야 한다. 바로 이런 때 경영진의 자신감을 시험할 수 있다. 불행하게도 너무나 많은 경영자들이 이 시험에 실패한다.

∷ 관리에서 리더십으로

'이 세상에 관리자는 많지만 리더는 없다'라는 말을 많이 듣는다. 그런데 관리자와 리더는 다른 개념인가? 두 개의 사업 단위의 운영을 비교함으로써 그 차이를 알아보자. 회사명을 밝히지 않기 위해 A사업단과 B사업단이라 부르자.

두 사업단 모두 비슷한 상품을 취급하고 대기업의 자회사이다. 각 모기업의 연간 매출은 약 1000만 달러이고 두 사업단이 각각 매출의 약 5%를 차지한다고 하자. 각 사업단의 직원은 약 40명으로 이중 25명 정도가 핵심이고 나머지는 행정관리를 맡는다. 이 두 사업단의 생존은 핵심 직원들의 창의적 능력에 달려있다.

이러한 유사점에도 불구하고 이 두 사업단에는 엄청난 차이가 있다. A사업단은 높은 생산성과 혁신의 전통을 자랑한다. 이것은 업계에 잘 알려진 사실이고 다른 회사의 사장과 사원들도 이를 높이 평가한다. 그 때문에 공석이라도 생기면 실력 있는 사람들이 몰려오지만, 이직율이 낮기 때문에 그런 일은 매우 드물다. 이 회사는 고품질 상품으로 또한 유명하고, 회사 CEO는 비즈니스 포럼에 연사로 초정되어 이 회사의 성공 스토리를 들려준다.

10년 전 거의 비슷한 시기에 시작된 B사업단의 사정은 크게 다르다. 10년 간 CEO가 세 번 바뀌었고(곧 네 번째 CEO가 임명될 것이다) 이 회사 제품의 품질은 중간 정도로 평이 나오고 사원들의 사기는 낮다. 이직율과 결근율이 높다. 근무 시간은 상당히 길고 사원들은 주로 지시 받은 대로 일한다. A사업단 직원들이 일을 재미있어 하는 반면에 B사업단 사원들은 지겨워한다. 말할 것도 없이 B사업단에는 창의성이나 신상품 아이디어가 없다. A사업단이 업계의 부러움을 사는 반면 B사업단은 끔찍한 직장으로 소문나 있다.

그러나 경영 교과서에 비추어보면 A사업단은 완전히 잘못 경영했고, B사업단은 완벽하게 교과서대로 바르게 경영한 것으로 나타난다. B사업단은 라인 관리와 운영 방침을 고지식하게 따라했다. CEO가 직원들의 의견을 묻는 일은 거의 없고 지시를 하달하기만 한다. 그는 여러 개의 위원회를 만들었고, 그 위원회를 통해서 사업단을 관리했다. 계급 구조와 절차, 규정이 중시되었다. 한 마디로 이 회사는 기름을 잘 친 기계처럼 돌아간다. 테일러(F.W. Taylor)와 그의 과학적 관리의 아주 훌륭한 시범 사례가 될 것이다. 여러 가지 면에서 이 CEO는 이상적인 과학적 관리를 실천한다. 그는 양복을 차려 입고 직원들과 허물없는 대화하기를 불편해 한다.

그러나 A사업단은 조직 관리의 면에서 보면 악몽 같은 사례로 보인다. 대부분의 외부인들은 이 회사의 운영 절차를 혼돈 그 자체라고 부를 것이다. 이 회사의 CEO는 셔츠 단추를 풀고 가끔은 허리에서 셔츠 자락이 빠진 상태로 걸어 다닌다. 이 광경이 격식을 따지지 않는 그의 경영 스타일을 보여준다. 그는 직원들을 동료로서 동등하게 생각한다. 공식적인 회의는 거의 없고 의사 결정은 폭넓은 의견수렴을 거쳐 비공식적으로 이루어진다. 근무 시간이 끝나면 사원들끼리 어울리는 기회가 아주 많다. A사업단은 B사업단과는 완전 반대의 가정과 원리에 따라 운영된다. B사업단의 양복을 차려 입은 CEO는 훌륭하고 착실한 경영자의 모델인 반면 A사업단 CEO는 헤드헌터에게 대단한 인상을 주지 못한다. 그런데 B사업단의 실적은 저조하고 A사업단의 수익은 업계평균을 넘는다.

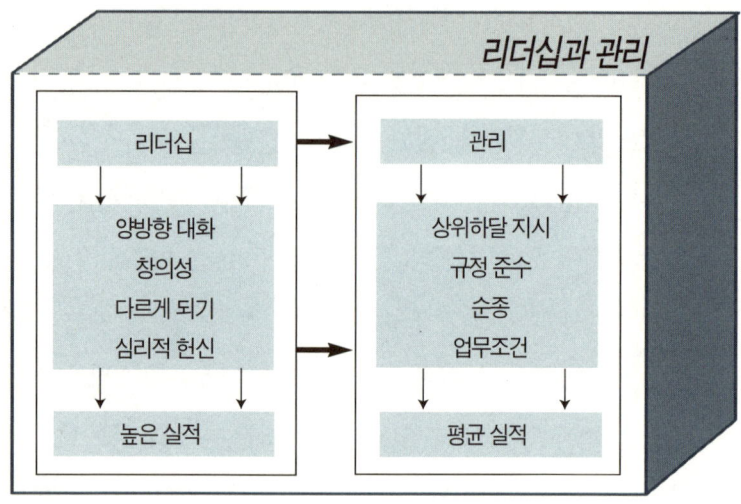

리더십과 관리

리더십	관리
양방향 대화 창의성 다르게 되기 심리적 헌신	상위하달 지시 규정 준수 순종 업무조건
높은 실적	평균 실적

　이 두 사업단의 예가 우리에게 말해주는 것은 무엇일까? 우선은 절대로 (B사업단의 경우처럼) 회계사를 CEO로 앉히지 말라는 것이다. 회계사들은 대체로 사원들의 동기를 유발해줄 재능과 상상력이 부족하다. 그러나 이보다 더 중요한 교훈은 기업의 생존이 상품 혁신과 사원의 창의성에 달려 있는 정보 기반 기업에서는 관리보다는 리더십이 더 중요하고 더 필요하다는 것이다.

　A사업단에는 효과적인 리더십이 있고 창의적인 사원들은 이를 잘 따를 것이고 오히려 관리나 통제를 아주 싫어할 것이다. 실적이 좋은 회사들이 다른 회사들에 비해 다른 점이 바로 이것이다. 그렇다면 도대체 어째서 기업들은 비전통적인 리더십 대신에 회색 양복의 관리 형태에 계속 매달리는 것일까? 어째서 리챠드 브랜슨(Richard Branson), 빌 게이츠(Bill Gates), 래리 엘라슨(Larry Ellason)이 일반적인 CEO가 아니라 예

외적인 CEO로 간주되는 것일까? 관리는 규정 준수와 순종의 문화를 만들고, 이는 신속하게 변하는 고효율 기업에서 필요로 하는 문화와는 정반대의 것이다.

그런데 사정은 이보다 더 악화될 수도 있다. 기업들이 구조조정을 통하여 자율적인 사업단으로 세분되면서 많은 관리자들에게 히틀러처럼 독재할 기회가 주어졌다. 본사는 이 관리자들에게 예산을 관리하고 사업 전략과 운영 방침을 세우는 권한을 위임했다. 관리자들은 자신의 사업단이 마치 자신의 사유재산인양 생각했다. 이렇게 자율권이 확대되자 관리자의 권한이 남용되는 일이 많았다. 예를 들어 특정 사원만 후원한다든지 의사 결정에 있어 이성보다는 주관이 더 많이 개입되는 경우가 많다. 또 다른 예로 사업단의 남성 CEO가 여성의 가정에서의 의무가 회사일에 방해가 된다고 생각해 여성을 승진에서 제외시킬 수 있다.

과도한 권한 분산은 관리자의 권한 남용과 함께 B사업단의 경우처럼 많은 인재들을 회사 밖으로 내몰 수 있다. 기업 구조개편이 종업원들에 대한 기업 리더들의 책임을 지지 않도록 허용하는 듯이 보인다. 분산된 기업의 리더들은 종업원에 대한 그들의 의무를 버리고, 사업단 책임자의 문제라고 주장할 수 있게 되었다. 그 결과 사원들의 애사심과 신뢰는 파괴되고 동시에 그들의 창의력과 새로운 아이디어도 날아간다. 기업들이 사업단에게 권한을 위임하는 탈중앙화된 운영 구조를 가지려면, 고위 경영진뿐 아니라 각각의 사업단의 책임자 리더십을 개발하는 것이 중요함을 인지해야 한다.

▌ 일시적이면서 영구적인 미래의 경영자

에이전시를 통해서 또는 프리랜서 경영자를 사용하는 임시 단기 경영이 최근에 크게 성장했고 앞으로도 이 추세는 계속될 것이다. 1990년대의 기업 변화도 컸지만 앞으로 올 미래의 변화는 더욱 클 것이다. 경영자들에게 평생직장이 주어지던 일은 20세기의 휴지통에서나 찾아볼 수 있다. 한 기업이 매각되거나, 인수 합병되기 전까지 걸리는 시간은 약 6년에서 7년이다. CEO의 재직 기간은 현재 3,4년이고 관리자의 재직 기간은 약 7년이다.

전례가 없는 기업의 어려움은 관리자들이 계속해서 혁신적이고, 창의적이고, 전략적으로 유연할 것을 요구한다. 이것은 상품과 서비스 제공에서부터 인적 자원 관리에 이르기까지 모든 분야에 적용된다. 이것은 경영진이 언제나 신선하고, 적응력이 뛰어나고, 재미있을 것을 요구한다. 경영진이 계속해서 변화하는 문제에 대처하기 위해 필요한 능력을 언제나 영구히 가지고 있을 수는 없다.

그래서 경영진이 계속해서 바뀌어야 한다. 어떤 때는 신상품을 출시해야 하고, 또 어떤 때는 사업 단위의 규모를 조정해야 하고, 또 어떤 때는 인수 문제를 처리해야 한다. 각각의 문제에는 다른 경영 기술이 필요하고, 어떤 관리자나 경영 컨설턴트도 이 모든 기술을 다 제공할 수는 없다. 그 결과, 잠정 관리자의 역할은 미래의 기업 성공에 필수불가결한 요소가 되고 있다. 현재, 잠정 관리자가 회사 관리직에서 소수를 차지한다면, 앞으로는 다수가 될 것이다. 잠정 관리자들이 미래 기업에서는 리더십의 핵을 구성할 것이다.

미래의 기업은 코끼리가 될 수도 벼룩이 될 수도 있다. 코끼리 기업과 벼룩 기업의 생존에 잠정 관리자가 중요한 역할을 할 것이다. 코끼리들은 대형 글로벌 기업들로 생산과 유통, 상품과 서비스 판매에서 서플라이 체인을 계속 지배할 것이다. 그러나 가상 기업으로서의 활동이 더 커질 것이다. 그들은 제조회사나 유통과 판매 시설을 소유하지 않고 주로 고객 지식과 상품 개발, 마케팅, 홍보와 디자인을 핵심으로 활동할 것이다. 다시 말해서, 그들은 브랜드 관리 전문가가 될 것이다. 이미 나이키(Nike)와 베네통(Benetton)이 그렇게 되었고 포드(Ford)와 유니레버(Unilever)와 같은 글로벌 제조회사들이 급속하게 그렇게 변하고 있다.

이 코끼리들이 새로운 문제에 직면하면서 그들의 경영진을 새롭게 구성해야 할 필요를 느낄 것이다. 이 기업들이 생존을 위해서는 지속적으로 새로운 기술, 재능, 지식을 수혈해 주어야 한다. 그 특성상 코끼리들은 민첩하지 못하고, 시장은 쉼 없이 변화한다. 이 딜레마의 해결책은 잠정 경영진에 있다. 사실, 경영진의 이직율이 올라가면서 이미 이것은 흔한 관례가 되고 있다.

불행하게도 잠정적 경영진이라는 해결책이 문제를 해결하기 보다는 더 많은 문제를 만들고 있다. 관리자들은 직장에 대한 약속과 장기 전망을 가지고 고용되지만, 실제로는 그 반대라는 것을 발견한다. 부풀었던 기대는 충족되지 못하고, 얼마 후 그 관리자가 변화하는 환경에서 회사가 필요로 하는 능력을 갖추지 못했음이 발견된다. 장기간 회사의 변화하는 필요를 충족시킬 수 있는 능력과 적응력을 갖춘 관리자는 극소수에 불과하다. 특정 문제를 해결하기 위해 어떤 관리자를 고용하는 것은 좋다. 그러나 그 문제가 해결되고 난 후에는 어쩔 것인가? 과거에는 기업들이 영구적인 경영진이 갖고 있는 능력으로 버텨나갈 수 있었다. 그러나 상품의 수명이 급속히 짧아지고 경쟁의 강도가 점점 더 심해지는 시대에 그것으로는 충분하지 못하다. 고효율 기업 모델의 필수 조건이 계속해서 경영진을 교체하는 것이다. 따라서 잠정적인 단기 경영진은 예외가 아니라 대세가 될 것이다.

이러한 변화는 기업들로 하여금 자신들의 기업 문화의 기초를 다시 생각하게 만들 것이다. 계속해서 변하는 경영진을 어떻게 관리할 것인가? 전략적으로 반드시 필요하지만 그 회사에서 자신의 임기가 단기로 정해져 있음을 아는 사람들에게서 어떻게 헌신과 열정을 끌어낼 것인가? 평생직장과 승진과 스톡 옵션 대신에 어떤 인센티브를 사용해야 하는가? 이것이 미래의 코끼리 기업들이 직면할 중요한 문제이다. 해결책은 부품 납품업체와의 관계처럼 서비스 제공회사와 장기적 전략적 파트너십을 만드는데 있다.

잠정 경영

필요한 이유:

- 기업 재편
- 철저한 기업 구조조정
- 경영 위기
- 사업단위 중심 성장 유지

앞으로 몇 년간 전문가 서비스 제공회사 역할을 하는 잠정적 관리 회사의 성장을 보게 될 것이며 이들은 고객 회사와 장기적으로 협력하여 일할 것이다. 이런 방식으로 이들은 고객 회사의 변화하는 필요를 자세히 깊이 알 수 있게 된다. 이 서비스 제공회사는 고객사의 기업 문화와 그들의 업무 방식, 전략 목표, 사업 계획, 그리고 가장 중요한 것으로 그 회사의 경영 방식을 파악하고 있어야 한다. 그러고 나서야만 적임의 잠정 관리자들을 제공할 수 있다. 이를 위해서는 물론 서로 신뢰하는 깊은 관계가 필요하다. 그리고 이러한 신뢰 관계는 서로의 회사를 잘 이해하는 장기적 관계에서만 가능하다.

이것은 다시 잠정 관리 회사들이 전문화되는 방향으로 이끌 것이다. 다양한 고객사와 업계, 사업 분야에 따라 고객사가 필요로 하는 특정 기술을 개발할 것이다. 그리고 단순히 관리 능력을 제공하는 데서 그치지 않고 시장 점유를 늘려가려면 다양한 고객사와 업계에 따른 브랜딩 전략이 매우 중요할 것이다. 고객사에게 자신들을 마케팅하는데 보다 적극적이어야 하고 동시에 고객사의 경영자로서의 어려운 역할을 잘 해낼 수 있는 능력있는 인재들을 끌어모으는 데도 적극적이어야 한다. 고객사로 보낼 수 있는 관리자들의 데이터베이스를 갖고 있는 것으로는 충분하지 않다. 그와 같은 수동적인 전략으로는 잠정 관리자를 예외적이 아니라 보편적으로 사용하는 고객사의 높은 기대를 충족하기 어렵다. 잠정 관리자를 파견하는 회사들도 향후 10년 정도면 코끼리나 벼룩이 되어 있을 것이다.

벼룩 기업은 어떤가? 그들은 정보 시대에 더욱 두각을 나타낼 소규모 벤처 기업들이다. 그들은 두뇌력을 바탕으로 소프트웨어 디자인, 바이오테크, 미디어, 출판, 금융 서비스와 기타 다양한 분야에서 활동한다. 이런 회사들은 자본이 많이 필요하지 않기 때문에 설립이 상대적으로 쉽다. 공장부지와 기계가 필요한 제조업체 설립과는 다르다. 정보기반 기업에서는 아이디어와 모뎀, 그리고 조용한 공간만 있으면 된다.

창업에는 그 정도만 있으면 되지만 성장을 원한다면 그것으로는 충분치 않다. 기업이 성장하려면, 회사를 홍보해야 하고, 현금 흐름을 관리해야 하고, 신상품을 개발하는 등의 활동이 있어야 한다. 창업자가 이 모든 능력을 갖추고 있기는 어렵고 그런 능력을 모두 갖춘 사람들을 영구적으로 채용하기도 어렵다.

1999년과 2000년에 많은 닷컴 회사들이 무너졌다. 이 회사들에 보다 경험이 많은 경영자가 있었다면, 많은 실수를 피할 수 있었을 것이고 투자자들의 돈을 지킬 수 있었을 것이다. 다시 말해서, 바로 닷컴이 잠정 관리자를 이용하면 좋았을 부분이다. 닷컴 회사들의 사례는 대기업의 고위 경영자만 거만한 것은 아니었음을 보여주었다. 또 다른 요소가 잠정 경영의 중요성을 부각시키는데, 그것은 관리자 자신의 심리가 변하고 있다는 것이다. 회사에서 오래 일할 기회가 주어진다 해도 관리자들이 그것을 원치 않는다. 대신에 그들은 자신의 능력을 충분히 펼칠 수 있기를 원한다. 그들은 일에서 끊임없는 변화와 도전, 재미를 찾는다. 그들은 단기간을 제외하고는 라인 관리자에게 보고하기를 원치 않는다. 그들은 자신의 삶을 가정과 직장에서의 프로젝트 시리즈로 생각한다. 잠정 관리는 이와 같이 그들의 변화된 사고방식에 완전히 부합되는 전형적인 일이다. 기업들이 가장 뛰어난 능력을 이용하고 싶다면 지금까지 해왔던 것보다 더 많이 잠정 관리회사들을 이용할 수 밖에 없을 것이다.

지식기반 기업에서 창의성 도모하기

21세기에는 여러 가지 부가가치 서비스를 중심으로 활동하는 정보 경제가 계속 성장할 것이다. 이것은 과거와는 달리 두뇌력이 가장 중요한 자산임을 의미한다. 과거에는 기계와 대량 시장이나 틈새시장(많은 중소기업들이 틈새시장을 위한 상품을 만들었다)을 위해 표준화된 상품을 만드는 능력이 중요한 자산이었다.

지적 자산이란 시장에서 경쟁적 우위를 확보하는데 필요한 신상품과 새로운 서비스를 지속적으로 개발하기 위해 회사가 소유한 지식을 의미한다. 다시 말해서, 정보 경제에서는 두뇌력이 회사 핵심 능력의 토대를 이룬다. 기존의 통합 기업에서 하던 기타 활동들은 모두 전 세계로 아웃소싱된다. 21세기 초 기업들에게 가장 어려운 문제는 창의성을 기르고 기술을 혁신하는 것이다. 이러한 능력이 효율적이고 경쟁력이 높은 성공적인 기업을 만드는 열쇠가 될 것이다.

지속적으로 기술이 혁신되도록 창의성을 기르려면 어떻게 해야 하는가? 여러 가지 면에서 중소기업들의 경영 방식에서 배워야 할 것들이 있다. 실적이 좋은 중소기업들은 분명한 비전을 가지고 있다. 설립자는 회사가 가야 할 방향에 대해 분명한 생각을 가지고 있다. 그런데 동시에 중요한 요소로 사원들도 그렇다는 것이다. 다시 말해서 고용주와 종업원이 동일한 비전을 갖고 있는 파트너십이 형성된다. 그러나 이 간단한 원리를 실천하는 데는 여러 가지 조직의 특성이 필요하다. 우선, 회사의 미래의 중요한 모든 문제들에 관한 의사전달 채널이 개방되고 솔직하고 유동적이어야 한다. 두 번째, 고용주와 종업원 간의 신뢰가 견고한 문화가 있어야 한다. 세 번째, 사원들에게 회사를 위해서 또 자신들을 위해서 사원의 재능을 개발하도록 교육과 기회가 주어져야 한다. 사원들이 스스로를 회사가 성장하면서 그 보상도 함께 받을 수 있는 주주로 생각할 수 있어야 한다. 이것은 회사주식소유(많은 파트너십에서 하듯이)와 이익 분배, 평생직장 등 여러 형태로 이루어질 수 있다.

이러한 기업 문화에서 창의성이 길러진다. 하이테크와 생명과학, 전문 서비스, 광고, 연예와 같은 다양한 분야에서 고속 성장하는 중소기업들이 이러한 문화를 가지고 있다. 그와 같은 기업 문화가 회사 설립자의 '카리스마'나 성격을 중심으로 형성되는 경우가 많다. 그렇게 되면 유리하긴 하지만 설립자의 카리스마가 반드시 필요한 것은 아니다. 회사의 성공에 중요한 것은 적절한 기업 문화를 통해서 사원들의 창의성을 도모함으로써 끊임없이 혁신하는 것이다.

사원의 창의성으로 상품 혁신을 하려면 고용주와 사원 간의 심리적 계약이 다시 정의되어야 한다. 이것은 종업원의 순종이 회사에 대한 헌신으로 바뀌어야함을 의미한다. 이것은 기본적으로 사원들이 자신의 일을 즐길 때 가능하다. 다시 말해 사원들이 일을 하면서 먹고, 자고, 마시는 과정에서 자신의 정체성의 중심에 그 일이 자리 잡는다. 고용주와 종업원간의 파트너십으로서 회사를 경영할 때에만 이것이 가능하다. 이것이 기업의 구조와 위치에 중요한 영향을 미치는 경우가 많다.

과거에는 직장이 일하는 곳이었다면 정보 경제에서 직장은 아이디어를 교환하고 문제를 해결하는 곳이다. 이를 위해서는 동료들 간에 친근한 관계가 유지되어야 하고 긍정적인 팀워크가 있어야 한다. 사원을 선발할 때는 기술적으로 능력 있는 사람을 뽑는 것도 중요하지만 동료들과 잘 호흡이 맞는 사람을 채용하는 게 중요하다. 동시에 직장의 건물과 디자인도 사원들 간의 친밀한 관계에 도움이 되도록 만들어야 한다.

지적 자본을 가지고 경쟁하는 회사들 사이의 한 가지 놀라운 사실은 별로 생산에는 도움이 되지 않는 외양으로 좋은 인상을 주려고 노력한다는 것이다. 사원들이 모여서 문제를 해결하고 새로운 아이디어를 창출하는 공간을 만들어 주려는 것이다. 넓은 공간을 '공공장소'로 할애하여 자판기와 함께 편안한 소파를 놓는다. 이곳이 바로 창조적인 기업의 중추신경 역할을 한다. 이곳에서 토론을 한 뒤 사원들은 아이디어를 생각하고 자신의 '사적인 공간'(직장이 아니라 가정이 사적인 공간 역할을 하는 경우가 증가하고 있다)으로 돌아가 아이디어의 가능성을 더 깊게 생각한다. 그리고 다음에 커피를 마시면서 동료들과 모였을 때 그 생각들을 들려준다.

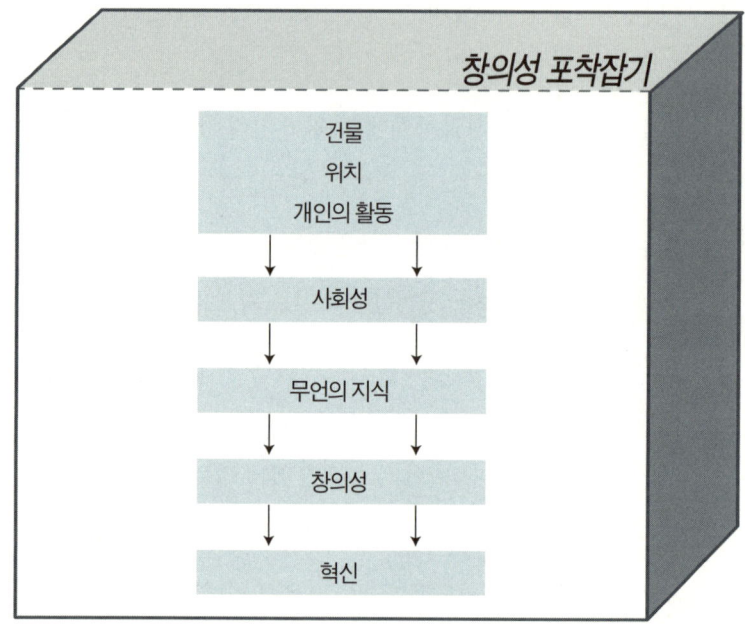

이러한 과정의 한 가지 중요한 특성은 어떤 정형이 없다는 것이다. 전통적인 제조 회사에서 흔히 볼 수 있었던 전문 활동이나 분업화될 수 있는 활동이 아니다. 창의적 아이디어 생성 과정은 기업 활동의 중심에 있지만 기본적으로 비형식적이고 일정 형태가 없다. 고용주가 종업원들에게 창의적이 되라고 말해서 될 일이 아니다. 지적 자산은 그런 식으로 운영될 수 없다. 고용주들이 할 수 있는 일은 종업원의 창의성에 도움이 되는 기업 문화와 공간 분위기를 만들어주고 보상을 주어 사원들이 기술 혁신의 결과에서 주주처럼 이익을 보게 해주는 것이다. 여기서 보상은 단순한 물질적 보상 이상을 의미한다. 생명공학 분야에서 하듯이 특

허의 일부 소유권을 준다든지 연예오락 산업처럼 전문가로서 인정받는
기회를 제공하는 것이다.

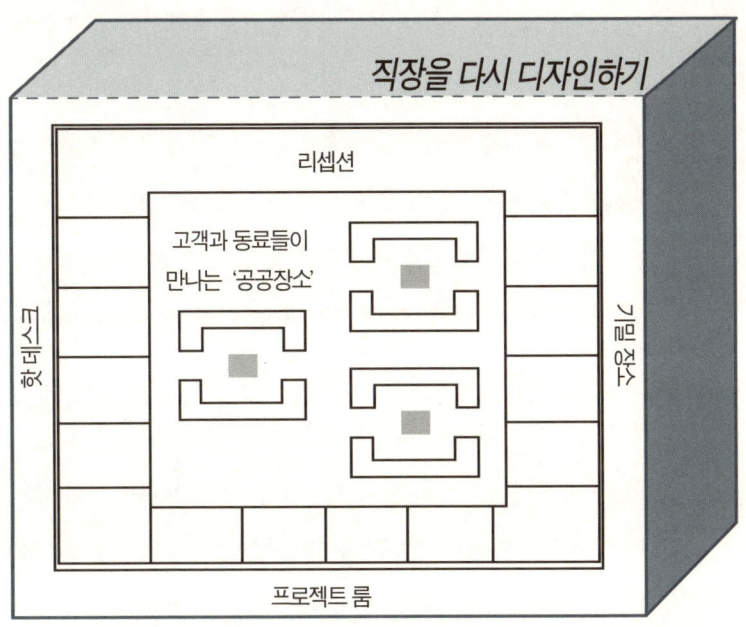

기업의 지적 자산을 충분히 활용하고 사원들의 창의력 개발에 기업
위치도 매우 중요하다. 과밀한 로스 앤젤레스가 계속해서 연예오락 산
업의 중심을 지키고 있는 이유는 무엇일까? 어째서 광고회사들은 런던
에 집중되어 있고 소프트웨어 회사들은 템즈 밸리로 몰려드는 것일까?
이러한 지역에는 무언의 지식과 지적 능력이 집중되어 있어 회사들이
그 이득을 볼 수 있기 때문이다. 인재들이 집중되어 그 지역 인프라의
특성을 형성한다. 이런 식으로 그 지역의 노동 시장은 지적 자산의 저수
지 역할을 한다. 여러 가지 면에서 이것은 초기 산업혁명의 산업지역과

유사하다. 이런 지역에서는 각 기업의 능력을 향상시켜주는 문화가 형성된다.

바로 이런 이유 때문에 정보기술이 직장의 필요를 완전히 없앨 수 없는 것이다. 정보기술의 발전으로 가능해진 가상 기업을 채택하는데 한 가지 장벽이 있는데 그것이 바로 자발적으로 일정한 틀 없이 대화하는 지적 자산을 가진 사람들이 필요하다는 것이다. 혁신적인 상품과 서비스를 개발하는 창의력은 바로 이렇게 길러진다. 정보 경제에서 경쟁력을 유지하려면 회사들은 운영 방법과 경영 형태, 순종 문화를 고쳐야 한다. 이를 위해서는 개방과 비형식이 장려되는 자신감 있는 리더십이 필요하다. 직장의 건물과 디자인도 이러한 생각을 담아야 한다. 전략적 의사결정에서 보상 체계 설정에 이르기까지 모든 면에서 회사는 파트너십 체제로 운영되어야 한다. 이러한 체제가 자리 잡지 않고는 정보 기반 기업의 핵심 자산인 지적 자본이 그냥 낭비될 것이다. 공장의 기계와는 달라서 사람들, 특히 창의적 지식을 가진 사람들은 바닥에 고정시킬 수 없다.

⠎ 창의성과 조직해체의 힘

R&D와 마케팅, 판매에 고객 지식이 필요하다. 한 기업의 모든 영역에 고객 중심 문화가 스며들어야 한다. 고객 지식 없이는 많은 자본과 인력을 투자하여 수요가 전혀 없는 상품과 서비스를 만들게 된다. 이것

이 바로 CRM(customer relationship management, 고객관계관리)이 중요해진 이유이다. 정보를 수집하고 나누기 위한 사업 파트너들 간의 협력 관계가 상품 개발 과정에 매우 중요하다. 그러나 이것으로는 충분하지 않다. 고객 정보 자체가 기업을 창의적으로 만들지는 않기 때문이다.

모두가 잘 알듯이 대부분의 기업에는 정보가 넘쳐난다. 현대 기술 덕분에 우리는 고객 정보 홍수 속에서 허우적댄다. 동시에 고객 정보는 부분적으로만 타당한 고객 지식을 제공한다. 소매업자들의 첨단 기술은 고객들의 과거 구매 패턴에 대한 정보를 제공한다. 그러나 미래에 그 구매 패턴이 어떻게 변할지에 대한 상세한 예상은 주지 못한다. 수퍼마켓의 체크아웃 기술이 매장 관리자에게 어떤 고객이 구매했는지 정보를 제공한다. 그러나 어떤 고객이 구매하지 않았는지에 대한 정보는 주지 못한다. 분명히 이 정보가 상품 개발에 더 중요하다. 전략적으로 유용하게 사용하려면 고객 정보를 해석하고, 분석하고, 심지어는 실험까지 해봐야 한다. 고객의 미래 행동을 예측하는 시나리오를 만들고 모델링하는 데는 이런 '다음 단계'의 활동이 토대가 된다. 이런 활동을 통해서 정보가 풍부한 기업을 인텔리전트한 기업으로 바꿀 수 있다. 고객 지식보다는 고객 인텔리전트가 더 중요하다.

소프트웨어 엔지니어들이 정보 관리와 분석을 위한 최첨단 도구들을 개발했지만 아직까지는 인간의 두뇌를 앞서는 기술을 개발하지는 못했다. 정보와 통신기술의 지원을 받아 혁신적인 상품과 서비스를 개발하는 것은 인간의 창의력이다. 기업 내에서 소프트웨어 문화가 지배하면서 규정준수를 우선시하고 기술의 정확함을 맹신하게 되었고 종업원의 능력은 상대적으로 덜 중시하게 되었다. 그 결과 경영 방식이 경직되어 소비자들이 콜 센터에서 불쾌한 경험을 하게 된다. 정보기술에 너무 큰 기대를 걸기보다는 사람들의 문화에서 창의성을 도모하는 것이 첨단회사들이 해야 할 어려운 임무이다.

기업 문화 구축을 위한 프로그램들이 종업원의 순종과 규정 준수를 부추기는 경우가 많다. 직원들은 '회사가 일하는 방식'을 배우고 이것을 그들의 태도와 행동에 스며들게 해야 한다는 가르침을 배운다. 그러나 기업이 정말로 효율적이고 혁신적이 되려면 이와는 완전히 반대로 해야 한다. 종업원들에게 '다른 사람과는 다르고, 개성적이고, 규정에만 매달리지 말고, 무엇보다도 당연하게 여겨지는 방식에 도전하라'고 가르쳐야 한다. 리더와 관리자들은 사원들이 편안하게 회사의 업무 방식에 대해 의문을 제기하고 새로운 아이디어와 제안을 스스럼없이 발표하고 기존의 관행에 대해 비판할 수 있는 분위기를 만들어주어야 한다. '긍정적인' 비판과 '부정적인' 비판을 구분하는 문화가 되어야 한다.

이러한 문화를 만들기 위해서는 직원 채용 방식을 바꾸어야 한다. 너무나 많은 회사들이 '그 자리에 적합한' 능력을 보이는 사람을 채용한다. 다시 말해서 현상태에 순응하고 적응할 사람을 뽑는다. 이력서에서 직업을 많이 바꾸었다 싶으면 사람이 '불안정하다'고 생각하여 제외시킨다. 반대로 해석하면 직업을 많이 바꾸었다는 것은 그 사람이 유연하다는 것과 광범위한 경험을 했다는 것을 보여준다. 이것은 그 사람이 독립성이 강하고, 순종을 싫어하며, 함께 일하기가 쉽지 않고, 매우 비판적임을 보여줄 수 있다. 많은 회사들이 이런 특성을 문제라고 본다. 한편으로는 창의적이고 혁신적인 기업 문화를 원하면서 다른 한편으로는 창의성과 혁신성이 넘치는 사람들을 채용하기 꺼려한다. 이것이 효율적인 기업에서 긴장을 만든다. 그 결과 사원들에게 자율권을 주려고 하지만 성과와 관련된 강력한 제약 내에서 주려고 하는 '이중인격' 회사가 된다. 그러나 창의적인 기업 문화를 만들려고 할 때 회사에 대한 헌신하는 마음을 해치는 또 다른 요소들이 있다.

그 중 하나가 창의적인 사원들은 매우 개인적이고 동료들과 협조해서 일할 준비가 되어있지 않다는 것이다. 그들은 자신의 개인적 목적을 달성하는 일이 아니라면 새로운 아이디어가 있어도 꺼내놓지 않는다. 이와 관련해서 그들은 고용주를 자신의 개인적 이득을 위해 이용할 수 있는 자원으로 생각한다. 미디어 회사에 이런 경우가 많다. 프로듀서와 작가, 편집자 등은 고용주의 자원을 이용해 자신의 개인 목적을 추구한다. 그들이 한 회사에서 다른 회사로 이동이 잦은 것도 이 때문이다. 그들의 '창의적' 목표를 달성하도록 예산과 자원이 주어질 때에만 그들은 그 회사에 머무를 것이다. 경쟁 회사가 더 나은 조건을 제시하면 그들은 바로 그 쪽으로 이동한다. 그들을 고용하려면 더 많은 자원과 물질적 보상을 제안하고 뛰어난 회사 브랜드를 가지고 있어야 한다. 창조적인 일을 하는 많은 사람들이 회사 브랜드를 보고 일한다. 다른 회사에서 더 많은 물질적 인센티브를 제시해도 회사 브랜드가 좋다면 회사를 떠나지 않을 것이다.

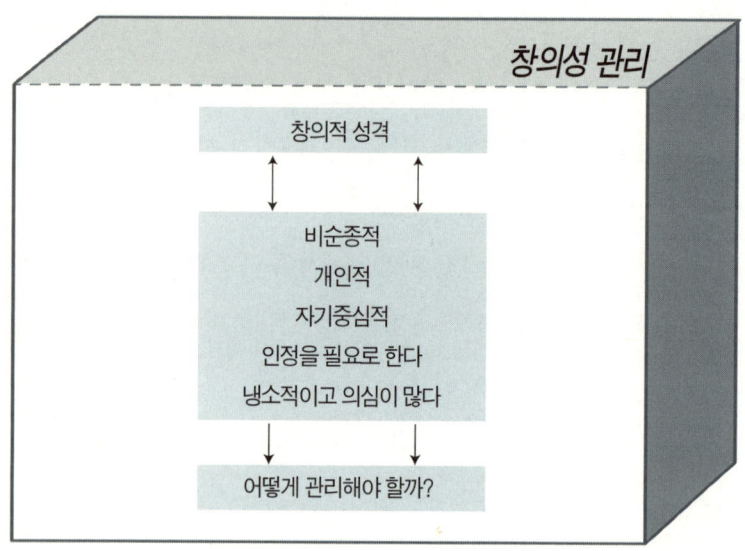

창의적인 사람이 팀을 이루어 일하려고 한다면, 그것은 동료들의 능력을 이용할 수 있기 때문이거나 아니면 비슷한 성격을 가진 사람들과 일하기가 좋아서이다. 그런데 그와 같은 사람들로 팀을 만들어 일하면 회사 내에 좋지 않은 문화, 냉소와 원한이 오고가는 문화가 만들어질 위험이 있다. 그런 문화가 만들어지면 회사 내에 파벌이 생긴다. 사원들이 여러 분파로 나뉘는데, 동료들을 중심으로 또는 직속상관을 중심으로 뭉치게 되며 이것은 애사심과는 아무 관련이 없다. 오직 회사 브랜드와 월급봉투만이 회사가 계속 굴러가게 만드는 힘이 된다. 많은 광고 회사와 방송국, 대학, 병원 등에서 이런 특성을 보이고 있다. 그런데 지적 자본이 핵심이 되는 소프트웨어 회사와 R&D 기관, 기타 지식기반 회사

에서도 이런 현상이 나타난다.

　이런 것들이 21세기 기업들에게 어려운 문제들이다. 그와 같이 여러 다른 기업 문화를 인식하는 새로운 기업 패러다임이 요구된다. 사원의 창의력 관리는 너무 어려워서 많은 기업들이 기존의 경영 관행과 구조를 유지하면서 '평균정도의 실적'에 만족하기로 선택한다. 그러나 보다 역동적인 미래 시장에서는 이들 기업이 살아남기 어려울 것이다. 첨단 회사들은 이 어려운 문제들과 싸우면서 새로운 운영 구조와 인센티브 제도를 실시해야 한다는 것을 받아들일 수밖에 없다. 그들은 스톡옵션과 직원과의 파트너십, 지적 재산권의 일부를 나누어 주는 것이 경쟁 회사로 자리를 옮기거나 자신의 회사를 설립할 수 있는 창의적인 사원들의 충성심을 잡을 수 있는 길임을 인정하지 않을 수 없다. 이런 기업들은 기업 브랜드 가치가 상품 마케팅과 판매뿐만 아니라 회사의 핵심 가치인 창의력과 지적 자본을 채용하고 유지하는데도 중요하다는 것을 알아야 한다.

창의성과 지적 자본의 가치 측정

　제조 중심 경제에서 지식과 지적 자본 중심 경제로의 이동은 기업 회계부에 커다란 문제를 안겨준다. 기업 가치를 어떻게 측정할 것인가? 인수합병을 위한 협상에서 어떤 가격을 제시할 것인가? 이런 자산들이 어떻게 가치가 매겨지고 또 어떻게 일관성 있게 수량화할 것인가? 기업 브랜드와 관련해서도 동일한 문제가 발생한다. 기업 브랜드란 시간이 가면서 가치가 떨어지는 자산인가 아니면 올라가는 자산인가? 기업 가치를 위한 객관적 기준이 있을 수 있는가 아니면 그저 '당신의 계산도 내 계산과 같죠?' 라는 식인가? 후자일 가능성이 크다.

닷컴 기업의 거품이 일었다가 꺼진 사례가 이를 분명하게 보여준다. 수개월 안에 닷컴 기업들의 가치는 평균 95%씩 곤두박질쳤다. 전성기에는 닷컴 기업들의 수익률이 엄청날 것으로 기대되었다. 이것은 고객 정보와 소프트웨어 기술이 기존의 경제를 붕괴시킬 것이라는 가정에서 시작되었다. 닷컴 기업들은 두 가지 주요 요소를 근거로 가치가 평가되었다. 하나는 예상 수익의 평가였고, 두 번째는 미래 수익을 발생시킬 무형 자산의 질에 대한 평가였다. 그들의 주식 가치는 건물과 장비, 기술적 하드웨어와 같은 대차대조표의 유형 자산은 전혀 반영하지 않았다. 몇 개의 닷컴 회사들이 현금흐름의 문제와 거래 손실을 보고하자 닷컴 붐 전체가 붕괴되었다.

미디어 회사든, 경영 컨설팅 회사든, 트랜스내셔널 제약 회사이든, 지적 자본에의 의존은 더욱 심화되고 있다. 지속적인 기술 혁신과 새로운 상품과 서비스 개발에서 나오는 기업 브랜드의 가치는 궁극적으로는 지적 자본에서 나온다. 기업의 지적 자본의 질을 파괴한다면 경영 컨설팅이나 법률 서비스, 바이오 기술 회사의 가치는 무엇이 되겠는가? 기업의 지적 자본을 정확하게 측정하기 절대 불가능하다. 기업 가치를 창출할 가능성은 절대로 명확할 수 없기 때문이다.

이런 의미에서 현대 기업들은 빙산과 같다. 타이타닉호 사건이 보여주었듯이 눈에 보이는 칠분의 일은 물속에 잠겨있는 나머지 칠분의 육보다 덜 중요하다. 지적 자산 즉 거기서 나오는 기업의 가치도 숨겨져 있다. 많은 고수익 회사들이 사례 연구를 쓰게 하고 외부인에게 정밀한 연구를 의뢰하는 것이 바로 이런 이유 때문이다. 그들은 회사를 성공으로 이끈 방식들이 모방될 수 없음을 잘 안다. 그들은 '일하는 방식', 업계의 모든 회사들이 알고 있는 방식을 발전시키고 사용해서 확실한 운영 기준이 만들어질 수 없게 한다. 그러나 이러한 무언의 지식이 기업의 지적 자본 가치의 상당부분과 외부 비즈니스 관계에 연관되어 있다는 사실을 알아야 한다. 이것은 두 가지 요소로 구성되는데, 첫 번째는 고객 관계이고 두 번째는 다른 서플라이 체인 회사들, 즉 제조회사, 납품업체, 소매업자와의 파트너십이다.

지적 자본의 질은 고객 정보에 크게 의존한다. 고객이 원하는 것과 좋아하는 것을 알 때에야 기업은 창의적인 상품과 서비스를 개발할 수 있다. 그러나 소비자가 매우 냉소적이고 상품과 기업 브랜드에 대한 충성심이 적은 보다 역동적인 시장에서는 현재 고객에 대한 지식이 미래를 위한 상품 전략 개발에 도움이 되지 않을 수 있다. 최근 몇 년간, 기업이 핵심 능력을 개발해야 한다는 데 관심이 집중되고 있다. 이 때문에 미래 소비자 시장의 경향을 파악하겠다고 현재의 시장을 지나치게 연구하고 있다. 이것이 바로 많은 소매업 회사들의 실적이 기복을 보이는 이

유다. 그들의 '고객에게 가까이' 가는 전략이 비생산적이고 내부 파열을 초래하기까지 한다. 그러므로 한 기업의 지적 자본의 가치를 측정하기가 어려워진다. 왜냐하면 그 기업의 현재 핵심 능력이 미래에는 경쟁력 우위를 저해할 수 있기 때문이다. 경영 컨설턴트들이 이를 반영하기 위해서 '기술 혁신 지수'와 '신제품 출시율'을 만들지만 이것들은 지적 자본 자산의 이런 측면의 일부만을 포착할 뿐이다.

비즈니스 파트너십, 조인트 벤처, 전략적 제휴에도 동일한 문제가 발생한다. 이와 같이 서로 조화하는 협력 관계를 통해서 기업들이 특정 활동에 집중할 수 있다. 이러한 관계를 통해서 각 기업의 지적 자본이 성장할 수 있다. 인적 자원과 기술 자원을 공동으로 이용함으로써 시너지 효과와 비용 절감을 달성할 수 있다. 그러나 중요한 것은 전략적 제휴나 조인트 벤처에서 그 기업을 떼어놓고 보면, 그 기업의 지적 자본은 감소된다는 사실이다.

한 기업의 핵심 능력을 구성하는 인재들은 언제라도 예측불가능하게 회사를 떠날 수 있다. 기업의 리더나 경영 방식이 바뀌거나 해고나 구조조정에 대한 소문이 있을 때, 그러한 경향은 더욱 가속화된다. 물론 다른 회사로부터의 유혹도 끊이지 않고, 게다가 두뇌를 가지고 일하는 사람들에게는 신규창업의 장벽이 매우 낮다. 광고 회사와 영화제작사에서 일하는 사람들, 회계사, 펀드 매니저, 과학자, 전문 기술자들은 전통적인 제조 기술을 가진 사람들보다 쉽게 벤처를 창업할 수 있다. 창업비용도 더 작고 많은 자본이 필요하더라도 개인적인 브랜드 명성을 가지고 있는 사람들은 벤처 자본을 끌어들이는데 크게 어려움을 받지 않는다.

인수합병에서 지적 자산의 이동이 문제가 되는 경우가 많다. 인수나 합병의 결과로 기업의 두뇌가 회사를 그만둔다면, 얻을게 무엇이란 말인가? 물론 널리 알려진 기업 브랜드를 얻을 수는 있다. 그러나 기업 두뇌들이 회사를 떠난다면 그 브랜드가 얼마나 오래 가겠는가? 주방장이 떠난다면 유명한 레스토랑을 매입할 이유가 없다. 그러나 지적 자본도 해고될 수 있다. 지속적인 전문 교육과 기술 교육에 대한 투자 없이는 기존 두뇌들이 낙후될 수 있다. 이것은 과학자, 공학자, 디자이너, 건축가, 시나리오 작가, 프로그램 프로듀서, 음악가 등에 해당된다. 나이가 들고 적절한 인센티브가 없는 상태에서 이들은 일에 대한 흥미와 동기를 잃게 된다. 지적 자본을 가진 사람들은 파업을 하진 않는다. 파업할 필요가 없기 때문이다. 그들은 새로운 아이디어를 더 이상 내놓지 않고 형편없는 광고물을 만들어 내놓는다. 동기를 잃어버린 음악가와 야구 선수, 축구 선수들처럼 동일한 행동을 보인다. 물론 고용주와 고용 계약을 맺었지만, 그들이 수준 이하로 일하기로 작정하면 고용주로서 어떻게 해볼 도리는 없다. 이상하게도 사기가 저하된 야구선수와 축구선수는 부상을 자주 당하고, 불만이 많은 가수는 목감기가 자주 걸린다.

지적 자본 관리

가치 측정 문제

- 무형 자산
- 무언의 지식
- 기업 파트너 관리
- 고객 정보
- 기업 브랜드 가치
- 미래 순이익

기업의 지적 자본이 흘러나가지 않도록 붙들어 두는 문제가 새로운 보상 체계와 고용 관계를 필요하게 만든다. 회사들은 사회적으로 책임 있다는 기업 브랜드를 만들고 제약업계에서 하듯이 스톡옵션과 지적 재산권을 공동 소유하는 체제를 만들지 않을 수 없다. 창의적인 지적 자산을 가진 사람들의 이동이 쉬워지면서 기업의 불확실성은 가중되고 있다. 이것은 다시 인수합병이 밥 먹듯이 발생하는 변화무쌍한 기업 세계에서 기업의 가치 측정을 훨씬 더 복잡하게 만든다. 여기에다 이러한 지적 자산의 가치는 측정하기가 어렵다. 어쩌면 기업들은 영국 축구클럽의 사례를 따라야하는지도 모르겠다. 수백만 파운드를 주고 사오는 스타 선수들이 회사 자산으로는 한 푼도 인정되지 않는다.

회사 이벤트와 종업원간 친화의 중요성

많은 기업들에게 회사 이벤트는 매우 중요하다. 공식적 목표는 회사의 전략 계획을 발표하는 것이지만, 정말 중요한 역할은 평소에는 절대 만날 일이 없는 회사 동료들을 한 자리에 모으는 것이다. 글로벌 기업에게는 이러한 이벤트가 더욱 중요하다. 글로벌 기업의 프로젝트 팀들은 인터넷을 통해서 서로 연락하지만 신뢰를 구축하고 아이디어를 교환하기 위해서는 정기적으로 직접 만나는 것이 매우 중요하다. 이렇게 동료들이 직접 만나 교류하도록 하는 이유는 무언의 지식을 배우도록, 즉 다른 동료들이 일하는 방식을 알게 하기 위해서다. 이것은 각 개인의 능력에 도움이 되고 동시에 동료들이 상호의존하게 해준다. 우리는 함께 일하므로 동료들이 다른 일을 잘 해주기 때문에 내가 맡은 일을 잘 할 수 있음을 알게 해준다. 그래서 나도 자신의 능력 개발에 집중할 수 있고 동료도 마찬가지다. 이런 식으로 우리는 상호 보완적으로 일한다. 자신의 능력을 발휘하는데 동료에게 의존하기도 한다. 우리는 각자의 사고 방식을 이해하고 비공식적으로는 각자 어떻게 일하기를 더 좋아한다는 것을 알지만 일이 분업되어 있음도 분명히 알게 된다. 직접 만남만이 이러한 이해를 가능하게 한다. 공통된 이해와 회사의 친화력을 통해 얻어진 '숨겨진' 지식을 통해 개인의 능력을 종합할 때 회사는 높은 실적과 효율을 달성할 수 있다. 많은 소기업들이 이를 아주 잘 하고 있다. 특히 근무 시간 후의 만남이 쉽도록 그들의 위치가 집중되어 있을 때 특히 그러하다.

그러나 대기업에서는 사원들의 친화를 위해서 회사 이벤트를 만들어야 한다. 기업의 내부 이벤트에 들어가는 비용이 커지고 있는 듯하다. 불경기에도 기업들은 회사 이벤트 예산을 삭감하지 않으려고 하며, 이런 이벤트의 규모가 점점 커지고 있다. 이벤트 장소는 새롭고 이국적인 곳이 되어가고 있고 더 호화로운 시설을 택하고 있다. 대기업들은 화려한 무대 장치에 자동 스피커, 레이저 조명, 스테레오 서라운드 사운드까지 설치한다. 연예 오락 프로그램에 저녁 식사 후에 저명한 연사를 초청한다. 최근에 유럽에서 있었던 한 기업 이벤트에 초청된 미국의 연사에게 항공요금과 기타 비용은 별도로 하고 10만 달러가 지급되었다. 그 연설에서 연사는 40분 동안 인터넷의 미래에 대한 자신의 생각을 이야기하면서 참석자들과 즉석에서 편안한 대화를 나누었다.

여러 가지 요인으로 이와 같은 이벤트가 인기를 얻고 있다. 사람들은 매우 세분화되어 있는 기업 구조 안에서 일한다. 요즘에는 프로젝트 관리가 주를 이룬다. 사원들은 보다 큰 회사 전체의 그림보다는 프로젝트만을 생각하며 일한다. 회사 이벤트는 이런 사원들에게 회사의 사명과 비전, 문화를 접하게 해준다. 사원들의 믿음과 기업 아이덴티티를 재확인해주며 그 행사가 뭔가 특별한 것을 제공해야 한다. 종업원으로서 우리는 다른 사람들이 모르는 지식이나 정보를 알고 있다. 연사로 초청되는 업계 전문가들은 이를 알고 자신의 생각을 사원들과 나눈다. 그리고 '이 회사는 일하기 재미있는 곳이다' 라는 메시지를 전달해야 한다. 미래의 계획과 회사 전략을 논의할 뿐 아니라 행사 자체가 재미있어야 한다. 그래서 유명 인사 연사가 필요하다.

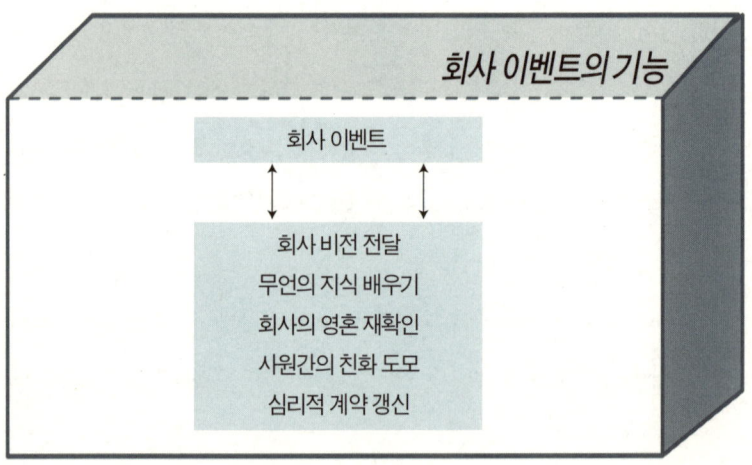

회사 이벤트의 기능

회사 이벤트

↕   ↕

회사 비전 전달
무언의 지식 배우기
회사의 영혼 재확인
사원간의 친화 도모
심리적 계약 갱신

동시에 이 회사는 일하기 재미있는 곳이라는 메시지가 있어야 한다. 그래서 릴레이 달리기와 수영장 경기 등 고용자와 종업원 간의 정서적·심리적 유대를 강화시켜주는 행사를 하는 것이다. 이러한 행사를 통해서 회사는 아이덴티티를 만든다. 자신을 이 아이덴티티와 연계함으로써 사원들은 보다 더 많은 동기를 부여받고 사기가 오르기도 한다. 회사의 경쟁력이 새로운 상품과 서비스 개발에 달려 있다면 사원들의 두뇌력을 충분히 이용하는 것이 아주 중요하다. 그렇게 하기 위해서는 회사에 대해 사원들이 좋은 느낌을 가져야 한다. 회사 이벤트가 성공한다면, 그것은 결코 비용 낭비가 아닐 것이다.

회사의 효율과 실적을 높이려면 회사 직원들 간의 친화가 아주 중요한 전략 문제가 된다. 컴퓨터 모니터를 보며 보내는 시간이 길어진 만큼 동료들과 직접 대화할 필요성이 커진다. 그렇다면 그것이 왜 그렇게 중요한가? 직장에서의 대화가 새로운 아이디어의 토대가 되며 이러한 대화에서 창의성과 경쟁력이 나오기 때문이다. 효율적이고 실적이 좋은 하이테크 회사들에 대한 연구 결과가 이를 뒷받침한다. 다른 회사들과 다른 점이 이 회사들이 사원간의 네트워크와 만남이 매우 활성화되어 있다는 사실이다. 사원 간의 직접 대화를 위한 장소를 만들어 놓고 사무실 한 가운데 커피 기계를 놓아 사원들이 자주 마주치게 해놓는다.

CEO의 사무실은 사원들이 언제라도 들려서 대화할 수 있는 장소에 만든다. 그러나 가장 중요한 것은 근무 시간 후 사람들이 만나는 기회를 자주 마련하는 것이다. 어째서 많은 회사들이 쾌적한 시골 환경을 마다

하고 비용도 많이 들어가고 교통도 복잡하고 인구 밀도 높은 도시 지역에 자리를 마련하겠는가? 시골에는 커피숍이나 음식점, 와인바 등이 많지 않기 때문이다. 동료들이 만나서 회사 계획을 논의하고 창의적 아이디어를 고안하고 판매 전략을 짜는 곳이 바로 이런 장소이기 때문이다. 소기업에서는 회사 이벤트가 필요 없다. 회사에서 일하는 것 자체가 매일 이벤트이기 때문이다. 도시 지역의 회사를 다른 지역으로 옮긴다면 기업의 영혼과 마음뿐 아니라 전략과 운영의 핵심을 정말로 파괴하는 것이다. 근무 시간 후의 모임이 근무 시간 중 회의할 필요를 없애주기 때문에 비용이 절약되고 생산성은 올라간다는 사실은 매우 흥미롭다. 이런 모임은 사원들 간에 애사심을 형성해주고 회사의 전략을 알려주며 그 전략에 사원 모두가 한 몫을 할 수 있음을 알려준다.

이런 회사들은 자신들의 전략을 고객과 다른 비즈니스 파트너에게도 공개한다. 이런 문화는 제품 개발을 위한 전략 제휴와 조인트 벤처를 도모해준다. 여기에는 비밀로 유지하려는 병적인 집착이 없다. 이 회사들은 자신들의 운영 방식이 모방될 수 없는 것임을 알기 때문이다. 그들의 일하는 방식은 무언의 관계, 사원들 간의 긴밀한 관계를 근간으로 하기 때문에 그들의 아이디어를 다른 회사가 훔칠 수 없음을 안다. 유명한 요리사들이 요리법을 모두 책으로 써내도 여전히 채용하려는 사람이 많은 이유는 왜일까? 모든 아이디어를 공개해도 그들만의 특별한 요리 기술 조합은 모방될 수 없기 때문이다. 대기업도 마찬가지다. 그들만의 무언의 지식과 사원간의 친화를 회사 이벤트를 통해 배양해야 한다.

일과 사생활 사이의 줄타기

✿✿ 가정과 직장 사이에서 줄타기

현대 사회에서 가정과 직장 생활의 균형 잡기는 중요한 정치 문제이다. 영국, 프랑스, 독일, 스칸디나비아 국가 정부들이 중요시하는 현안들 중 하나이다. 유럽에서와 마찬가지로 미국 기업들도 사원들에게 가장 중요한 문제, 일과 가정과 심리적 만족 사이에서 균형 잡는 문제를 고려하고 있다.

과거에는 이런 문제가 크게 중요하지 않았다. 과거의 관료주의와 조직화된 노동 시장이 가정과 직장을 분명하게 구분하고 있었다. 마찬가지로 전통적인 남성과 여성의 역할, 생활양식도 구분했다. 이러한 요소들이 붕괴되면서 생활을 꾸리는 방식과 생활 속에서 일을 놓는 위치가 모호해지고 불확실해졌다.

과거에 회사원들은 9시에서 5시까지 근무했고 가끔 급한 일이 있을 때 일거리를 집으로 가져가곤 했다. 그러나 대체로 업무 과정은 엄격한 절차에 따라 이루어졌다. 이 절차를 지키는 일이 사무실 관리자와 회사 상사들에게 가장 중요한 일이었다. 고객의 필요는 이차적인 것으로 취급되었고 작업이 제 시간에 완성되지 않거나, 회의가 연기되거나, 상품 전달이 늦어지는 일이 가장 중요하게 생각되었다. 무엇 보다 중요했던 것은 하루의 근무 시간이었다.

이 패턴은 먼저 제조업의 강력한 노조들 때문에 강화되었고, 그 후에는 국가 경제에서 관리와 서비스 분야가 확대되면서 심화되었다. 업무 영역과 보수 체계를 협상하는데 있어 근무 시간이 가장 중요했다. '정상 근무 시간'에 대한 합의는 종업원들이 시간외 근무 수당으로 더 많은 월급을 받게 해주었고, 이 시간외 근무 수당은 개인 시간을 희생하는 대가로 정상 급료보다 더 높았다.

전통적인 남성과 여성 역할이 가정과 직장의 구분을 더욱 분명하게 했다. 결혼한 부부인 경우 남편은 출근했고 아내는 가정을 돌봤다. 남자들은 아내가 평생 곁에 있으면서 자신과 자신의 생활을 돌봐줄 거라고 확신하고 일에 집중했다. 이것은 가정 일은 여자가 맡아주니까 남자는 일에 집중할 수 있음을 의미했다. 가정은 일로부터 도피해서 휴식을 취할 수 있는 곳이었다. 여자들은 소비의 상징이었고, 아내들의 소비수준이 남편의 성공을 보여주는 척도가 되었다. 심리적으로 또는 실제로 일이 사적인 공간인 가정에 침범하는 일은 드물었다. 예외적인 경우가 딱두 가지인데, 하나는 다음날 회의를 위해 보고서를 미리 검토하기 위해

집에 가져가는 경우이고, 또 하나는 직장 동료들을 집에 초대하는 경우였다. 이런 초대는 일종의 엄격한 의식으로 초대하는 사원은 안정된 가정과 가정에서의 존경받는 위치를 보여주고 따라서 승진에 적합한 인물임을 암시하는 기회가 되었다.

여행과 교통 패턴도 직장과 가정을 구분하는데 기여했다. 사원들은 지금과 마찬가지로 회사로 출근하고 퇴근했다. 그러나 고객사와 고객을 만나기 위한 출장은 거의 없었다. 커뮤니케이션은 주로 우편과 전화를 통해 이루어졌다. 세계화 이전 시대에는 해외출장이 상당히 예외적인 것이었다. 그 결과 업무 패턴이 거의 정해져 있었고 직장과 가정에서의 활동은 서로 분리되었다.

그러나 오늘날 직장과 가정생활은 엄청난 변화를 겪고 있다. 가정과 직장을 구분하는 전통적인 선은 지워졌다. 동시에 정해진 근무시간을 철저히 지킨다는 개념도 사라졌다. 이렇게 된 주요 원인은 프로젝트 관리 원칙의 도입이다. 업무는 고객 중심 프로젝트를 중심으로 짜여진다. 프로젝트의 비용을 산정하고 예산에 따라 자원이 지원된다. 이것은 본질적으로 절대 완전히 예측할 수 없는 불확실성을 포함한다. 예측하지 못한 문제들이 발생하고, 비용이 초과하게 되고, 자원이 부족해진다. 직원들은 과로로 쓰러지고, 해결해야 할 문제가 있지만, 어쨌거나 프로젝트는 정해진 시간에 완수해야 한다. 그 결과 밤늦게까지 또는 주말까지 일해야 한다. 이렇게 되면 여가 패턴이나 개인의 생활을 미리 정할 수 없다. 사원들은 '탐욕스럽게' 보일 수 있는 회사를 위해 일하고 있는 것

이다. 사용자는 언제나 사원들의 서비스를 요구할 수 있고, 개인 생활은
희생되어야 한다.

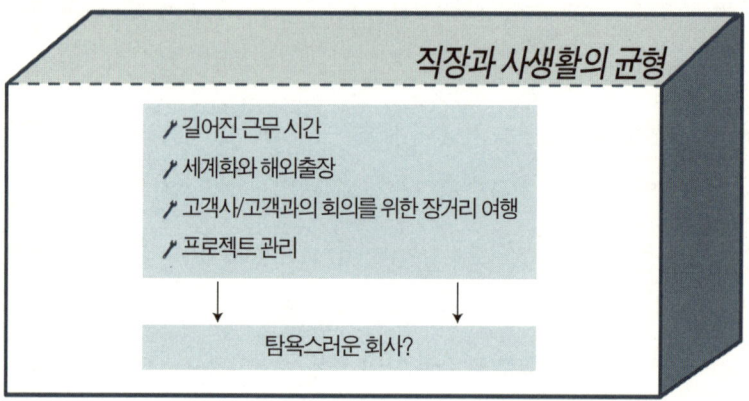

노조의 쇠퇴와 세계화가 이 문제를 더욱 심각하게 만들었다. '탐욕
스러운' 회사의 요구를 더 이상 집단 협상으로 제지할 수 없다. 사원들
은 각 개인이 사용자와의 심리적 계약을 협상한다. 프로젝트 완수를 위
해서 주말에도 일할 준비가 되어있지 않는 사람은 사원의 삶의 질을 중
시한다는 회사 구호에도 불구하고 회사에의 충성심이나 헌신이 부족하
다고 여겨진다. 어느 누가 프로젝트를 제시간에 완수하기보다는 개인
생활을 우선시한다면, 그는 곧 동료들로부터 따돌림 당하고 추방당할
것이다. 그런 행동은 목표를 달성하고 성과급으로 보상을 받으려는 동
료들의 노력에 찬물을 끼얹는 것이다.

국가간 거래의 자유화와 메가톤급 기업들의 인수합병으로 가속화된
세계화는 예측 가능했던 직장에서의 업무 패턴을 파괴했다. 세계화는

24/7 근무 패턴을 탄생시켰는데, 이것은 하루 24시간, 일주일에 7일을 일한다는 의미다. 이런 패턴으로 일하는 다국적 기업들은 모든 다른 경제 분야에 엄청난 영향을 미친다. 여행사와 운송회사, 주유소, 패스트푸드 음식점, 수퍼마켓 등이 모두 여러 방식으로 세계화로 인해 다양해진 근무 시간과 수요에 직접 영향을 받는다. 앞으로 수십년 간 글로벌 경제가 더욱 발전하면서 이러한 추세는 더 두드러질 것이다.

이 추세 중 한 가지가 해외여행의 수요 증가다. 인터넷 시대는 직접 만나서 협상해야할 필요를 더 크게 만들었다. 통신기술 혁명은 해외여행의 필요를 없애기는커녕 더 증가시켰다. CRM 문화도 마찬가지로 이에 기여한다. 고객에 대한 회사의 성의를 보여주기 위해서 그들을 직접 만나서 기분을 좋게 해주고, 그들을 위한 회사 이벤트를 계획해야 한다. 다시 말해서 판매와 마케팅 책임자가 세계 곳곳을 여행하며 끊임없이 움직여야 한다. 이것은 다시 고객의 질문과 요구에 부응하기 위해서 사무실 직원들이 24/7으로 일해야 한다는 커다란 변화를 의미한다.

회사가 사원들에게 원하는 요구에 한계가 없는 이런 환경에서 사원들은 직장과 사생활 사이에 어떤 경계를 그을 수 있을까? 만족스럽고 건강한 일과 사생활 사이의 경계는 어디인가? 회사가 사원들에게 지나치게 요구할 때는 언제인가? 수용할만한 일과 사생활 간의 균형점이 언제 애사심 부족으로 비치고 팀 멤버들을 실망시키는가? 점점 더 많은 회사들과 사원들이 이러한 문제에 대해 고민하고 있다. 과거의 제조업 시대에는 문서화된 규칙과 절차로 그 해답이 주어졌다. 오늘날 글로벌 정보 경제에서는 프로젝트 중심 업무와 고객 중심 솔루션, 개인의 지적 능력의 필요 등에서 오는 모호성과 불확실 때문에 새로운 의문들이 제기된다. 사실 어떤 일 때문에 고심하고 있을 때, 집에 있다고 해도 그 일에 대해 완전히 잊어버릴 수 있을까? 어쨌거나 궁극적으로 대가를 치러야할 사람은 우리들이다. 결국 우리 장례식에는 회사 대표가 아니라 우리 가족과 친구들이 참석할 것이다. 가족과 친구들과 더 가깝게 지낼 시간을 가져본 적이 있는가?

회사에 헌신하기─누가 무엇을 위해 헌신하는가?

애사심, 충성심은 21세기 유행어다. 자기 일에 대해 동기를 가지고 열심히 하는 것으로는 부족하다. 우리는 회사에 헌신해야 한다. 의사는 환자에게, 교사는 학생에게, 판매원은 고객에게 헌신해야 한다. 그러나 그것으로도 부족하다. 자신을 고용한 회사에게도 헌신해야 한다. 다시 말해서 회사의 사명, 가치관, 문화, 의식절차를 자기 것으로 만든다. 그렇다면 회사에 대한 헌신을 어떻게 보여줄 수 있을까? 종업원들이 직장에서 어떻게 애사심을 분명하게 보여줄 수 있을까? 이것은 매우 어려운 일이고 이 문제로 만족스러운 일과 사생활의 균형이 깨질 수 있다.

기본적으로 회사에 대한 헌신을 보여주는 방법은 자신의 직속 관리자의 특성과 가치관을 따르는 것이다. 즉 프로젝트 리더와 팀 리더, 기타 상사를 따르는 것이다. 튀지 않게 비슷한 옷을 입고, 같은 스포츠를 좋아하고, 비슷한 유머 감각을 가져야 함을 의미한다. 여기에서 사람들 간의 유대가 만들어지고, 이 유대감을 토대로 신뢰와 기밀관계가 구축된다. 물론 이와 동시에 회사 고위 관리자 팀의 여성 비율이 낮다면 여성 동료들은 소외되고 배제된다는 느낌을 받는다.

이런 종류의 애사심 내지는 헌신은 장기적으로 회사 정체의 원인이 된다. 사원들 간에는 순응과 복종의 기업 문화가 '강력하게' 자리 잡는다. 팀은 뜨내기들로 구성되고 이들은 현상 유지가 파괴될까 두려워 새로운 아이디어를 제시하지 않고 거북한 질문은 묻지 않고 관리자에게 도전하지 않는다. 충분히 자신감이 있어 그렇게 하는 사람들은, 주로 회사 분위기를 충분히 알지 못하는 신입사원이 그렇게 하는데, 미래 관리자로서의 능력이 부족하다고 생각된다. 그들은 비협조적이고, 형편없는 팀 멤버이고, 최악의 경우 회사에 헌신하는 마음이 조금도 없다고 여겨진다. 다시 말해서 헌신하는 마음이란 당연한 것으로 여겨지는 기존의 업무 방식을 그대로 수용함을 의미한다. 그 결과 많은 회사들이 입으로는 혁신과 변화를 외쳐대지만 현실은 보수와 복종이 팽배한다.

회사에 대한 충성을 보여주는 가장 중요한 방식은 자신을 눈에 띄게 만드는 것이다. 미국과 영국에서 늦게 까지 일하는 문화가 생긴 이유도 이 때문이다. 프로젝트 팀별로 또는 분산된 사업 단위로 기업이 재편되면서 나온 결과이기도 하다. 집에서도 많은 일을 할 수 있는 인터넷 시대에 사원들은 가장 먼저 출근해서 가장 늦게 퇴근함으로써 충성심을 보인다. 계획된 시간 안에 주어진 예산으로 프로젝트를 완수하는 것이 성과 평가에서 가장 중요하다. 이를 달성하는 최선의 방법은 더 오랫동안 일하는 것이다.

그러나 기업이 변하면서 사원들도 변했다. 회사와 분야에 따라 다르지만 여성이 한 명도 없는 경영진은 이제 거의 없다. 중간 관리자에서 여성이 차지하는 비율이 높아지고 있으며, 이것이 그 자체로 기업 문화와 신뢰와 유대의 개념을 변화시키고 있다. 그러나 여성의 충성심의 질과 강도에 대한 남성 관리자의 편견이 여성의 승진을 가로막는 경우가 많다. 이러한 편견은 대체로 여성들이 과거와 같을 것이다. 즉 '여성은 같이 사는 남자의 일을 더 중요시 한다' 라는 생각에서 온다. 그래서 여성은 고위 관리직에는 앉힐 수 없다는 결론을 내린다. 여성은 함께 사는 남자의 일을 위해서 필요하다면 자기 일을 그만둘 리스크가 있다고 보는 것이다.

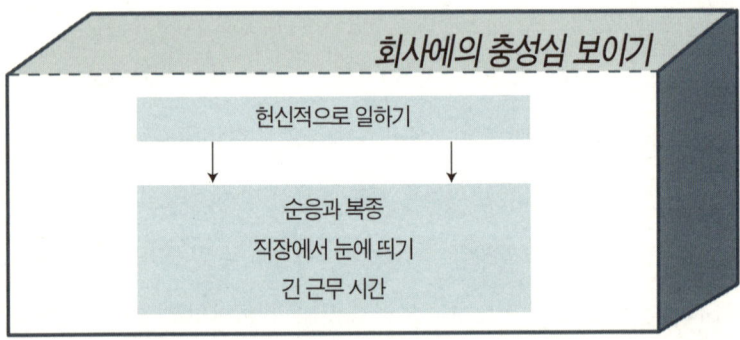

일과 사생활 사이의 균형 잡기에서 가장 스트레스를 많이 받는 사람들은 맞벌이 부부, 특히 아이가 있는 맞벌이 부부들이다. 프로젝트 관리

와 성과급 제도는 육아 휴가와는 양립할 수 없는 개념이다. 기업과 개인 성과에 대한 단기 평가는 그와 같은 휴가를 수용할 수 없다. 지식 기반 기업들은 사원들의 능력, 특히 업무 방식에 대한 그들의 무언의 이해에 크게 의존하기 때문에 휴직이나 휴가를 커버하기 힘들다. 전통적인 관료체제에서보다 개인들은 더 없어서는 안 될 존재들이다. 전통적 관료체제에서는 업무 영역과 방침, 목표 달성 방법이 명료하게 정의되어 있었기에 쉽게 다른 사람으로 대체할 수 있었다.

둘 다 직업을 가진 부부에게 일과 사생활 간의 균형 잡기는 거의 달성 불가능한 목표다. 결국 가사 분담, 서로의 일정을 비교하면서 청소부, 정원사, 가정부 등의 도움을 받으면서 끊임없이 둘 사이에서 타협점을 찾아가야 한다. 20대와 30대들은 일을 가장 중요하게 생각한다. 휴가를 위해 3-4주 동안 회사를 비우기보다는 단기 휴가를 여러 번 가는 방식을 택한다. 마음속에는 언제나 완수해야 할 일과 해결해야 할 문제들이 자리 잡고 있다. 이런 사원들에게 사용자인 회사는 탐욕스러운 기업으로 보인다. 그리고 대부분의 사람들이 회사가 탐욕스럽기를 바란다. 젊은 맞벌이 부부 가운데 일을 그만두고 싶어 하는 사람들이 얼마나 될까? 아이를 갖기 위해 일을 그만두는 많은 여성들이 우울증에 걸리는 것을 보면 젊은 맞벌이 부부들이 얼마나 자신의 일과 회사를 좋아하는지 알 수 있다. '일과 가정' 중에서 '가정'에 집중하는 것이 잃어버린 직장의 활기를 보상해주지 못하는 듯하다.

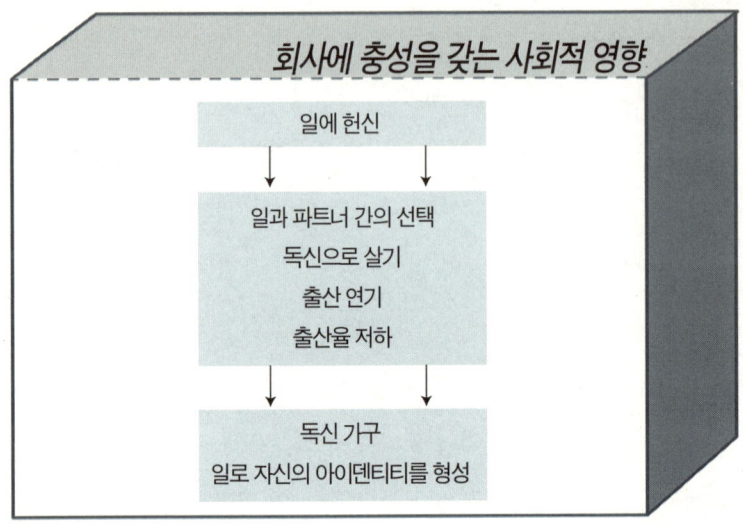

일과 생활 사이의 균형 문제를 해결하는 또 다른 방법이 있다. 누구와 함께 살아서 문제가 생기고 거기에 육아 문제까지 발생한다면 처음부터 아예 문제를 만들지 않으면 된다. 미국과 유럽의 많은 남성과 여성이 이 방식을 택하고 있다. 그들은 21세기 기업의 사원들이다. 그들은 자신의 일과 회사의 요구를 가장 우선시한다. 그래서 결혼하지 않고 독신으로 지내기로 한다. 유럽에서 이러한 추세는 너무나 강해서 많은 나라에서 인구가 감소하고 있다. 스칸디나비아 국가들, 영국, 프랑스, 스페인, 이탈리아의 여성들이 출산을 연기하면서 출산율이 떨어지고 있다. 아이를 낳는다 해도 과거보다는 훨씬 적게 낳는다. 일과 생활 사이의 복잡한 문제들을 피할 수 있으므로 그들은 독신을 선택한다. 걸리는 것 없이 그들은 자신의 재능과 기술을 개발할 수 있고, 프로젝트를 제시간에 완수할 수 있으며 세계 어느 곳에서도 일할 수 있도록 이동이 가능

하다. 이들 남성과 여성들은 배우자 문제는 뒤로 미루고, 출산 문제도 마찬가지다. 삶을 즐기는 문제도 역시 연기된다. 50세가 되어서 일을 그만두고 30년에서 40년간 은퇴 후 생활을 즐길 때까지 이런 것들을 연기한다.

정보 시대의 풍요, 직장에서 지적 능력을 실현해야 할 필요, 일과 생활 간의 균형 잡기가 어렵다는 사실이 커다란 사회적 변화를 야기한다. 인구가 감소하고, 독신 가구가 증가하고, 많은 회사원들이 중년에 조기 퇴직을 한다. 이러한 변화는 주택과 의료 서비스, 노령 인구를 위한 시설 등과 관련해 영향을 미치므로 정부에게 많은 숙제를 안겨준다. 기업이라는 동물원에서 일하기가 재미있을지 모르지만, 그 재미에는 반드시 대가가 동반된다.

✦✦ 길어진 근무 시간

장시간 근무를 참을 것인가 아니면 나갈 것인가? 간단한 선택인 듯 보인다. 회사의 현실에서는 선택이란 전혀 없다. 자신을 고용한 회사에 충성심을 보이기 위해서는 무조건 근무 시간을 넘겨 일해야 한다. 그것이 눈에 띄어야 한다는 원칙이다. 그러나 동시에 사원들 스스로 늦게까지 일하고 싶어 한다. 특히 여가와 사생활보다 일과 성취를 우선시하는 사람들이 있다. 이런 사람들에게는 일이 여가고, 여가가 일이다. 일이 사생활이고, 사생활이 일이다.

주로 20대에서 40대초의 이 사람들은 자신의 일과 회사에서의 위치를 자신의 아이덴티티라고 생각한다. 일에서 그들은 존재감을 얻는다. 자신의 성취 목표를 추구하면서 회사가 정한 기준에 따라 평가되면서 그들은 자신의 목표와 기대를 스스로 정한다. 팀 멤버들과의 협력에 필요한 사람을 대하는 태도와 행동을 위한 노력은 늦은 저녁 퇴근 후에도 끝나지 않는다. 과거 관료주의 기업 사원들은 회사라는 큰 기계에서 자기가 맡은 일만 하면 되었다. 지식 기업 사원들의 일은 이보다 훨씬 더 어렵다. 지적, 사회적, 정서적 능력을 발휘하는 일은 심리적으로 부담이 되는 어려운 일이다. 지속적으로 새로운 아이디어를 내고, 문제를 해결하려면 정서적으로 심리적으로 전념해야 한다. 이를 위해서는 회사 교육 프로그램에서 배운 기술만으로는 안 되고 혼신을 기울여야 한다.

이 때문에 지식 근로자들은 자신의 일을 좋아한다. 자신의 일을 좋아하지 않으면 스스로 그만두거나 해고될 것이기 때문이다. 일단 일에 대한 흥미를 잃으면 그 사람의 창의성과 독창성은 기대하기 어렵다. 일에 대한 열정이 식으면서 그 사람의 지적 자본의 질도 떨어진다. 그러나 일을 좋아하고 열정이 있는 사람들은 일을 하고 싶어 하고 열심히 한다. 소프트웨어 디자이너, 의약 연구원, 광고 전문가, 의사와 교사들은 근무시간을 넘겨가며 장시간 일한다. 이들에게 일은 자신의 아이덴티티다.

그러나 거기에서 그치지 않는다. 직업과 일만이 이들에게 동기를 주는 것은 아니다. 회사의 아이덴티티도 이에 기여한다. 그래서 기업 브랜드가 마케팅에만 중요한 것이 아니라 수준 높은 지적 인재들을 유치하고 유지하는데 매우 중요하다고 하는 것이다. 직장을 찾는 젊은이들에게 지속가능성, 사회적 책임, 기업 관리, 기회 평등 면에서 기업이 갖는 브랜드는 매우 중요하다. 회사와 연관해서 자신의 아이덴티티를 만들려면 자신의 가치관과 회사의 가치관이 맞아야 한다. 노동 시장에서 그리고 동년배 친구들 사이에서 개인의 아이덴티티가 그가 다니는 회사 브랜드에 의해 결정된다면 이것은 그의 진로에 매우 중요한 사안이다. 깨어있는 시간의 거의 대부분을 직접 간접으로 일하는데 바쳐야 한다면 이 문제는 특히 중요하지 않을 수 없다.

그러나 치러야 할 대가는 있는 법이다. 회사에 대한 충성심과 장시간 근무가 가족 형태와 직장 밖에서의 사생활에 영향을 준다. 독신 가구의 증가와 인구 감소 정도의 영향이 아니다. 국가의 사회 구조와 경제적 사회적 불평등 패턴도 변화시키고 있다. 영국과 미국의 장시간 근무 문화가 빈곤과 저임금 문제를 야기하고 이와 함께 사회 소외문제를 낳고 있다. 기술 없이 저임금의 불안정한 일을 하는 하층 종업원들을 창출하고 있다. 정부의 규제와 간섭 없이 돈 많고 시간은 없는 지식 근로자들의 풍요와 소비력에 의존하는 취약한 종업원 부류가 출현하고 있다.

장시간 근무로 지식 근로자인 기업의 회사원들은 아이를 돌보고 빨래하고 청소하고 저녁 식사를 준비하고 정원을 가꿀 시간이 없다. 그래서 시간이 있다면 스스로 할 일을 위해 다른 사람들의 노동력을 산다. 그 결과 이런 서비스를 제공하는 하층민이 증가하고 있다. 학비를 벌려는 학생들, 자신의 아이를 돌보며 돈을 벌어야 하는 독신 여성, 구조조정으로 해고당한 고령 남성, 그리고 이민자들에게 이런 일이 맡겨진다. 멕시코 근로자들이 없다면 캘리포니아의 전문직 종사자 가정을 누가 돌보겠는가?

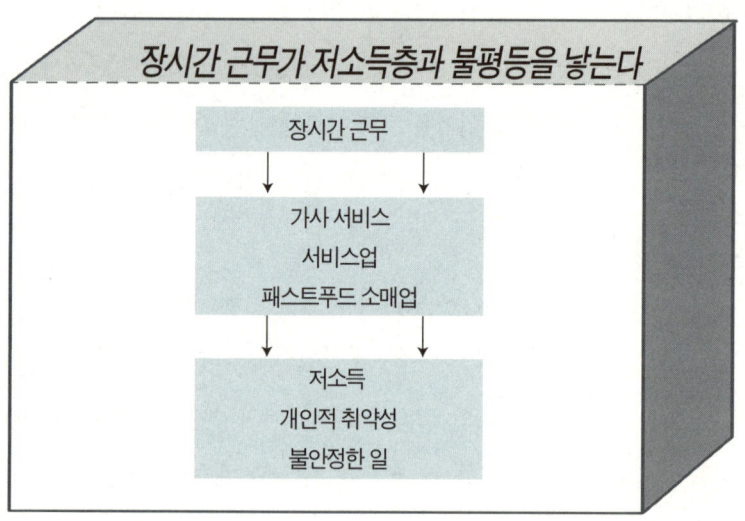

장시간 근무가 저소득층과 불평등을 낳는다

장시간 근무

가사 서비스
서비스업
패스트푸드 소매업

저소득
개인적 취약성
불안정한 일

　미국과 영국을 스칸디나비아 국가들과 비교해보면 장시간 근무와 저임금 하층민의 출현의 관계를 이해할 수 있다. 스칸디나비아 국가들에는 주당 근무 시간을 제한하는 법이 있다. 이것은 파트너십 관계로 고효율의 창의적이고 꾸준한 경제 성장을 이룬 민간 분야에 대한 전통적인 정부 간섭이다. 이들 나라에서는 미국과 영국에서처럼 불평등 문제가 심화되지 않았다. 스웨덴에는 정원사와 보모, 가정부, 청소부, 가사를 도와주는 이민자 등이 아예 없다. 근무 시간이 짧기 때문에 맞벌이 부부들도 가사를 스스로 해결하기 때문이다. 그 결과 이들 나라에서는 사회 소외 계층으로서 하층민이 없다.

불평등 문제가 심화되면 경제적 불균형뿐 아니라 사회적 분노와 적개심, 저항심 등을 낳고 신뢰가 떨어진다. 이것은 다시 높은 범죄율과 기타 법과 질서 문제로 이어진다. 빈곤 문화가 만들어지고 저소득 가정의 젊은이들은 가망 없는 저임금 일밖에 할 수 없다는 좌절에 빠진다. 정부 간섭이 불가능하거나 어려우면 세대간 가난이 대물림되는 체제가 만들어진다. 그러면 근무 시간을 제한하는 법을 실행할 수 있는가? 스칸디나비아 국가들과 프랑스에서는 가능한 것 같다. 그러나 미국과 영국에서는 불가능한 것으로 보인다. 왜냐하면 경영 모델이 다르기 때문이다. 프로젝트 관리와 성과급 제도, 단기 사업 계획을 바탕으로 하는 영국과 미국식 기업 모델은 이를 불가능하게 만든다. 스칸디나비아와 프랑스의 기업 모델은 상당히 다르며 그 밖에도 차이점이 있는데, 미국과 영국의 장시간 근무 문화는 사원들의 충성심에 그 기반을 둔다. 이제는 뿌리 뽑기 어려운 자가 동력으로 돌아가는 셈이다. 휴대폰과 인터넷의 발달로 직장 밖에서 일하는 것이 가능하지만 이것도 이미 정착된 경영 문화 앞에서는 맥을 추지 못한다.

상대적으로 약화된 노조의 영향력도 효과적인 법적 제한을 어렵게 만드는 한 가지 요인이다. 독립 컨설턴트들, 다양한 기술적 전문적 서비스를 제공하는 프리랜서들, 성장하는 소기업 분야 등도 마찬가지다. 이 모든 것들이 스칸디나비아와는 다른 미국과 영국 경제의 특성을 보여준다. 그러나 법적으로 근무 시간을 하는 것이 어려운 가장 큰 이유는 영국과 미국의 회사원들이 자기 일을 좋아한다는 사실일 것이다. 그들은 일하고 싶어 하고 그것이 존재 이유이다. 장시간 근무가 건강을 해치고 사생활에서 결혼이나 약혼을 피하게 만들지만 그것이 그들이 원하는 방식이다. 그들은 자발적으로 직장이라는 우리로 걸어 들어왔다. 최소한 그들이 40대 초반이나 중반이 되어 우리에서의 탈출을 생각하기 전까지는 그곳에 남아 있기를 원한다.

▪▪ 동물원에 들어가기 — 미래의 종업원

인구 변화가 미래의 종업원 면모를 바꿀 것이다. 회사의 팀 리더들은 문화적 다양성 관리를 반드시 해야 할 것이다. 세계화로 인해 국경과 지역과 시간대를 넘어 다양한 사람들을 관리해야 할 것이다. 젊은이들이 아주 쉽게 세계 여러 지역을 이동하며 일자리를 찾음에 따라 대형 글로벌 기업의 사원 구성이 달라지고 있다. 수요가 높은 능력과 기술을 가진 사람들이 자주 이동하면서 기업 노동 시장의 국적과 인종 구성이 다양해지고 있다.

미국에서는 스페인어를 사용하는 젊은이들이 증가하고 있다. 이들은 주로 미국 동부와 서부 해안지방에 집중되어 있다. 캘리포니아에서는 스페인어가 영어만큼이나 중요한 언어가 되어가고 있다. 이러한 변화에 미국 관리자들은 어떻게 대처할 것인가? 업무 방식과 언어를 수정해야 하는가? 아니면 미국의 다른 지역이나 인도 등 영어를 사용하는 다른 나라로 회사를 이전해야 하는가? 캘리포니아와 보스턴의 하이테크와 소프트웨어 회사들은 곧 이런 문제에 봉착하게 될 것이다.

유럽에서는 젊은층의 인구 부족이 심화되고 있다. 영국에서는 노동시장에 진입하는 16세에서 24세의 인구가 1990년대에 30%가 감소했다. 여성이 독신으로 살면서 출산을 연기하고, 출산보다는 일을 우선시함에 따라 이 추세는 앞으로도 계속될 것이다. 전통적으로 대가족제도와 가족중심 생활을 중시하는 이탈리아와 프랑스, 스페인에서도 같은 패턴이 나타나고 있다.

유럽 기업들은 앞으로 인재 부족 문제를 반드시 해결해야 할 것이다. 기업과 정부의 정책 결정자들이 택할 수 있는 전략이 몇 가지 있다. 기업들은 사업장을 이전할 수 있다. 이미 영국의 금융기관들은 백 오피스와 콜 센터를 인도와 호주, 기타 극동아시아 국가로 이전하고 있다. 일부 영국 회사들은 데이터 프로세스에 남아도는 중국 졸업생들을 이용하기 위해 백 오피스의 일부를 중국으로 이전하기 시작했다. 독일에게는 중앙 유럽과 러시아가 비슷한 기회를 제공한다. 러시아의 노보시버스크에는 과거 소련의 국영 연구소와 국방 산업에서 일했던 유능한 인재들이 집중되어 있다. 독일 기업들은 이 인력을 교육시켜 소프트웨어 엔지니어와 디자이너, 기타 컴퓨터 관련 종사자로 이용하고 있다.

일자리를 해외로 보내지 않고 인재를 수입하는 것도 한 가지 방법이다. 여기에서 미국과 유럽의 이중 경로 이민 시스템이 출현했다. 기술이 없는 사람들을 분류해서 저임금의 서비스 분야에서 일하도록 하는 것이 하나의 경로다. 이 지원자들은 승인을 받기 전에 각 정부의 관청에서 일차 검토를 받게 되어 있다. 이들은 미국과 유럽의 하층민이 되며, 이들을 대신할 사람은 이 절차를 거치지 않은 '불법' 이민자들뿐이다.

또 다른 경로는 '지름길'로 정부들이 인재 부족을 충당하기 위해 사용하고 있는 방법이다. 이에 해당되는 사람들은 전혀 다른 경험을 하게 된다. 이들은 체재비에서 여행 경비, 일과 관련된 교육까지 무료로 제공하는 등의 인센티브를 받는다. 예를 들어서, 영국 정부는 부족한 간호사를 필리핀에서 채용하고 부족한 교사를 호주와 캐나다에서 채용하고 있다.

그 결과 국가의 노동 시장이 무척 다양해지고 있으며 기업의 사원들, 경영진, 사업 단위도 다양한 배경과 경험, 꿈을 가진 사람들로 구성된다. 기업 실적을 올리기 위해 이렇게 다양한 사원들을 조화시키는 일이 현대 기업의 라인 관리자들이 풀어야 할 과제이다. 다양한 사원들이 다양한 기대를 가지고 있으므로 권위에 대응하는 방식, 팀 멤버와 협동하는 방식, 아이디어를 나누는 방식, 바라는 보상도 달라질 수 있다.

그러나 이 모든 추세가 보다 광범위한 문화적 변화 안에서 발생하고 있고, 이 문화적 변화는 대기업의 운영 방식과 경영 방식에 영향을 미치고 있다. 이 문화적 변화를 추진하는 힘은 유럽과 미국의 젊은이들의 열망이다. 그들은 부모들(주로 아버지들)의 충족되지 못한 포부를 목격했다. 그들은 평생을 회사를 위해 헌신했는데도 하루아침에 버림받을 수 있음을 보았다.

평생직장의 약속 대신에 젊은이들은 회사에게서 다른 것을 원한다. 회사가 내게 해주는 만큼 나도 준다는 조건부 고용 관계로서 다른 기업에서의 다른 자리로 움직이기 전에 개인의 발전과 능력 개발 기회를 갖기를 원한다. 기본적으로 이들은 도전을 찾아다니지만 도전을 넘어 일에서 짜릿한 즐거움을 찾는다. 이들은 '미래'가 아닌 '오늘'과 '현재'에 집중한다. 이것은 장기 보다는 단기를 의미한다. 만족을 연기하지 않고 현재를 즐기는 쾌락주의자들이다. 다시 말해서 기업들은 더 이상 미래의 보상을 약속하면서 재능 있는 젊은이들을 끌어들이지 못한다. 그들이 원하는 일은 지금 당장 물질적·심리적 보상이 주어지는 일이다. 이렇게 회사에 대한 기대를 변화시키는데 중요한 역할을 한 것은 1980년대의 금융기관들이다. 그들이 모델을 보여주었고, 지금은 그 모델이 노동시장의 모든 분야로 확산되었다.

모든 회사와 조직은 짜릿함과 즉각적인 물질적 보상을 제공하도록 강요받고 있다. 박애주의와 사회의 공통적인 선에 기여한다는 것으로는 교사와 사회복지사, 의사, 기타 공공 분야 종사자들을 끌어올 수 없다. 정부 기관들은 개인적 도전과 흥분을 제공하는 민간 분양 기업들과 인재 유치에서 경쟁해야 한다.

재미있는 일이란 정서적으로 심리적으로 즐길만한 일이다. 근로자에게 '흥분'과 좋은 느낌을 주는 일이다. 어떤 회사들은 그런 일을 줄 수 있고 또 그럴 수 없는 회사들도 있다. 벤처 기업들은 일을 재미있게 만들어줌으로써 사원들의 재능을 발전시키고 더 크게 기여하도록 만들 수 있다. 이로써 아이디어와 창의성, 독창성이 회사 내에서 자유롭게 흐른다. 일이 '따분하다'고 생각하는 사람들은 더 이상 그 일이 맞지 않으므로 즉시 회사를 떠난다.

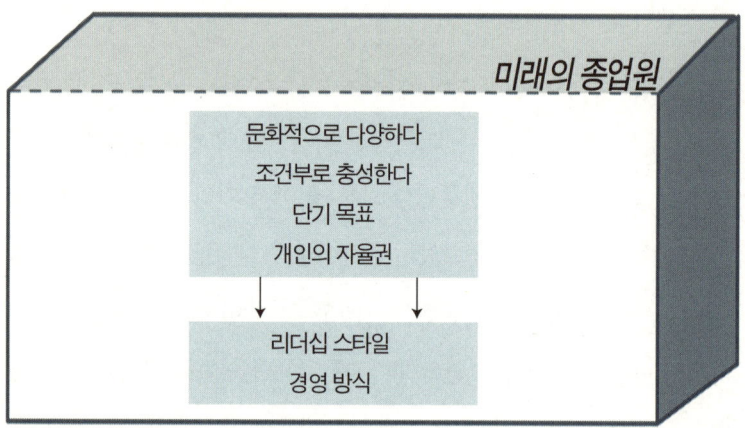

닷컴 기업들은 조직의 새로운 모델을 제시했다. 이 새로운 모델은 젊음, 개성, 개인의 창의성, 위험, 불확실성을 근간으로 한다. 옷 입는 방식도 달라졌고 새로운 의사 결정 방식이 만들어졌고, 기존의 사업 방식을 완전히 뒤집었다. 그 이유는 닷컴 기업들이 젊은이들을 흥분시키는 보상과 인센티브가 무엇인지를 알고 있었기 때문이다. 이 모든 것은 전통적인 대기업 제조회사의 순종적인 문화와 경영 방식과는 완전히 대조를 이루었다. 닷컴 붐이 물려준 중요한 유산은 젊은이들이 좋아하는 일의 방식과 젊은이들을 자극하는 것이 무엇인지를 분명히 보여주었다는 것이다.

그러나 그 이상의 의미가 있다. 젊은이들은 삶의 질을 가장 중요시하며 삶의 질은 바로 일에 따라 결정된다. 일은 생활의 중심이고 그들의 아이덴티티와 라이프스타일을 결정한다. 그것은 직장의 위치가 아주 중요하다는 것을 의미한다. 젊은이들에게 세계의 주요 도시들이 점점 더 살기에 매력적인 곳이 되고 있다. 이것은 개인 소득에 대비 주택 가격 비율에 나타난다. 대도시에서 젊은이들은 직장에서의 흥분과 재미를 여가로 연장할 수 있다. 이 두 가지가 한데로 모인다. 와인바, 커피숍, 레스토랑, 클럽에서 동료들과 일 문제를 논의하고, 문제를 해결하고, 창의적인 아이디어를 교환한다. 이렇게 직장 밖에서의 동료들과의 모임은 직장 내에서의 대인관계와 팀 활동을 활성화한다.

이것은 재능 있는 지식 근로자를 채용하는데 기업 브랜드와 보상 체계만이 중요한 것이 아님을 의미한다. 직장에서 창의성, 도전, 재미를 제공하는 것만으로는 불충분하다. 회사의 위치가 아주 중요한 고려사항이 된다. 일에 따라 라이프스타일이 결정되고, 라이프스타일이 직장에서의 성과를 결정한다면, 회사가 어디에 위치하느냐가 중요한 요소가 된다. 이것이 많은 회사들이 복잡한 도시를 떠나 푸른 초원이 펼쳐진 교외로 나가지 못하는 이유이다. 오락과 여가 시설이 없다면 사원들의 사외 모임이 없을 것이고 그렇다면 창의성과 독창성도 함께 사라진다. 글로벌 경제에서는 인터넷 시대이기는 하지만 비슷한 마인드를 가진 회사들이 집중되어 있는 장소로 기업의 위치가 제한되는 경향이 있다.

◼◼ 우리에서 탈출하기 —조기 퇴직의 유혹

유럽이 고령화 사회라는 것은 잘 알려진 사실이다. 앞으로 십여년 후에는 수명이 더 길어질 것이고 노령인구는 더 증가할 것이고 이것은 경제에 직접 간접으로 커다란 영향을 미칠 것이다. 이것은 노동 시장과 소비자 시장 모두에 영향을 줄 인구 시한폭탄이다. 이러한 경향의 일환으로 50대 인구가 증가하고 있다. 베이비 붐 세대가 장년에 도달했다. 현재는 전체 인구의 20%를 차지하지만 앞으로 몇 년 후면 25%가 될 것이다. 그러나 정규직을 갖고 있는 사람의 수는 더 감소할 것이다. 영국에서 55세 남성 중 직장을 가지고 있는 사람의 비율은 1970년대의 93%에서 오늘날에는 75%로 감소했다. 여성의 경우에는 60%정도로 변화가 없다. 인력 부족이 심화되고 있는 가운데도 이런 현상이 발생하고 있다. 1970년대와 80년대 출산율이 급격히 떨어지면서 노동시장으로 진입하는 젊은이들의 수가 급격히 감소하고 있다. 유럽, 특히 영국이 50대의 그렇게 낮은 노동시장 참여율을 계속해서 수용할 수 있느냐가 중요한 문제이다. 표면적으로 이것은 재능과 기술을 충분히 이용하지 못하고 있음을 의미한다.

이들 50대들이 직장에서 밀려난 것일까, 아니면 퇴직 후의 삶을 즐기기 위해 자발적으로 나온 것인가? 두 가지가 모두 답이 될 수 있다. 기업 구조조정이 무엇보다도 가장 큰 요인이다. 정보와 통신 기술 발달로 기업들은 경영과 관리를 자동화할 수 있었다. 이것이 계급적 통제의 종말을 의미하진 않는다. 오히려 집에서 일을 하더라도 성과를 더 엄격하게 감시하는 것이 정보기술의 발달로 가능해졌다. 그러나 많은 계층의 관리자를 필요로 하지는 않는다. 50대의 중간 관리자들이 해고 일순위가 되었다. 기업 인수합병에서도 마찬가지다. 인수합병에서는 가장 중요한 사안이 머리수를 줄여서 비용을 삭감하는 것이다. 50대 사원들에게 가장 먼저 조기퇴직 신청서가 주어진다.

고령 사원들을 몰아내면서 회사들은 그들이 직장이 없어도 그럭저럭 잘 버틸 수 있다고 합리화한다. 가족에 대한 부양의무도 작고 주택융자와 기타 대부금을 다 갚았기 때문에 경제적 부담도 덜 하다는 것이다. 그러나 이들이 '샌드위치' 세대라는 점을 간과하고 있다. 수명이 늘어나고 살아온 인생의 히스토리가 다양함에 따라 돈이 더 필요한 사람들의 수가 증가하고 있다. 이것은 고령의 부모를 돌보아야 하는 50대가 증가하고 있음을 의미한다. 여성들이 더 이상 늙은 시부모나 친척들을 돌보려고 하지 않으므로 양로원 같은 시설이 유일한 방법이다. 동시에 이혼율이 증가하면서 많은 50대 남성들이 이혼한 가정의 아이들의 양육비를 지원해야 한다.

기업들이 비공식적으로 은밀하게 고령자를 '밀어내기'도 한다. 영국에는 연령에 따른 차별이 많으며 미국과 스칸디나비아 국가, 나머지 유럽에서는 더 심할 것이다. 이것이 아예 회사의 채용 정책에 포함되어 있기도 하지만 실제로는 더 교묘하게 작용한다. 기업들이 팀과 프로젝트 중심으로 운영 방법을 전환하면서 젊은이들을 더 좋아하는 새로운 문화가 만들어졌다. 이들 젊은이 집단에서 소외감을 느끼는 고령 사원들은 퇴직 압력을 느낀다. 특히 하이테크와 미디어 산업에서 흔히 있는 일이다.

그러나, 50대가 자발적으로 퇴직을 원하게 하는 요소도 있다. 이들은 주로 조기 퇴직을 하고도 살아갈 수 있는 관리자들과 전문직 종사자들이다. 이들은 국가 연금을 받을 때까지 일해야만 먹고 살수 있는 불안정한 저임금 일을 하는 사람들과는 전혀 다르다. 조기퇴직금을 목돈으로 받고 회사 연금에서 매달 연금을 받는 이들 관리자들과 전문직 종사자들은 돈도 많고 시간도 많다. 미래에도 회사 연금이 그렇게 많은 조기퇴직금을 지급할 수 있는지는 조금 더 지켜봐야 한다.

특별한 문제가 없는 한 조기 퇴직한 관리자들과 전문직 종사자들은 퇴직 후 인생을 즐긴다. 30년 전의 히피 세대로서 많은 사람들이 정규직을 원하지 않았다. 그러나 수입이 필요했기에 그들은 1960년대와 70년대 팽창하던 공공분야와 민간분야에서 일자리를 잡았다. 흥미롭게도 이들은 자신을 '조기 퇴직자'로 생각하지 않고 '퇴직 후 삶을 즐기는 사람'으로 생각한다. 다시 말해서 고된 직장 일과 가족에 대한 의무로 오랫동안 할 수 없었던 일을 할 수 있는 기회를 맞았다고 생각한다. 정부 정책으로는 바꾸기 어려운 라이프스타일의 모델을 만든 사람들이 바로 이들이다. 60대 사람들도 일을 해야만 하는 인구와 경제 변화 추세에도 불구하고 조기 퇴직 문화가 자리를 잡았다. 성과급제도와 프로젝트 관리 중심의 회사 업무는 업무량과 스트레스를 증가시키고 일과 사생활 사이의 균형 잡기도 어렵게 만든다. 그러므로 돈 많은 50대들에게는 조기 퇴직이 이상적인 탈출구가 된다.

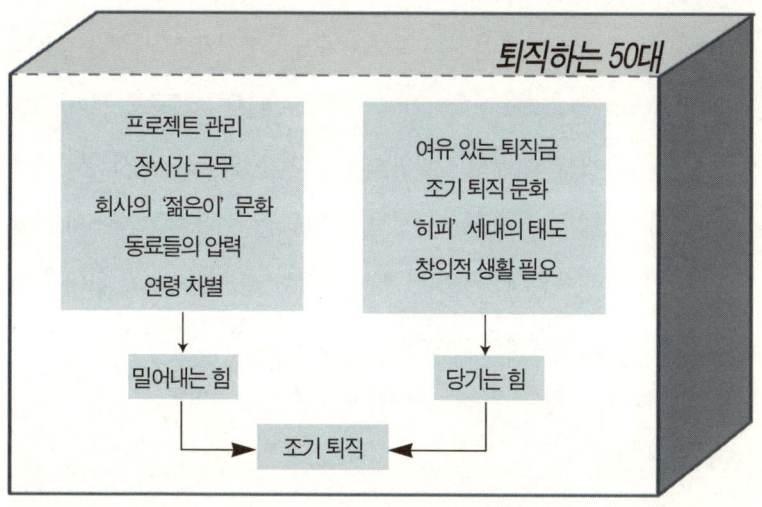

영국에 비해서 스칸디나비아 국가들의 50대와 60대 취업률은 더 높다. 직장을 즐겁게 만들고 스트레스를 줄이면 전문가와 관리자들, 그리고 사회가 능력을 필요로 하는 사람들이 조기 퇴직의 유혹을 덜 느낄 것이다. 중년 사원들의 스트레스를 줄여주는 것이 회사의 책임이다. 연령에 관계없이 모든 종업원들을 위한 가족 중심 법이나 규정과 함께 이 방법만이 능력 있는 50대들이 노동시장에서 빠져나가는 것을 막을 수 있다.

✵ 인터넷을 통한 일과 사생활의 균형 잡기

표면적으로 보면 인터넷이 일과 생활 사이의 균형 잡는 문제를 다 해결해줄 것 같다. 광대역 통신이 직장과 가정을 연결해준다. 랩탑 컴퓨터와 PDA(personal digital assistants)의 도움으로 업무 스케줄을 보다 유연하게 잡을 수 있고 집에서도 편안하게 일할 수 있다. 집에서 일하니까 가정사와 집안일도 함께 돌보면서 회사 일을 할 수 있다. 한 발 더 나아가 인터넷이 더 폭넓게 사용되면 회사로 매일 출근할 필요가 없어져 교통 혼잡도 줄이고 환경오염도 줄일 수 있다. 삶의 질이 크게 개선될 수 있을 것 같다. 가정과 직장을 분명하게 구분한 산업혁명 시대의 유물은 사라질 것이다.

불행하게도 인터넷이 이 모든 것을 가능하게 해줄 것이라는 희망은 잘못된 것이다. 지식 경제와 지식 근로자의 가치가 중요해 졌지만 집에서 일할 수 없는 사람들이 많다. 일의 특성상 청소부, 수리공, 계산원, 교사, 간호사, 사회복지사 등의 사람들은 출근해야 한다. 그렇다 해도 집에서 업무를 볼 수 있는 사람들이 증가하고 있는 것은 사실이다. 두뇌를 가지고, 지적 능력을 발휘하는 일을 하는 사람들은 매일 출근할 필요가 없다. 매일 출근해서 컴퓨터 모니터를 보고 앉아 있다는 건 웃기는 일이다. 그럼에도 이런 일이 계속되고 있는 이유는 관리 문화 때문이다. 과거 공장에서는 사원들이 출근하지 않을 수 없었다. 사원들이 직접 관리 감독해야 한다는 개념을 낳았다. 다시 말해서, 그냥 믿고 일을 맡겨둘 수 없다는 것이다. 단가(piece-rate)제도와 성과급제도의 도입도 이런 생각을 없애지는 못했다. 근로자들의 행동을 면밀하게 감독함으로써 기술이 혁신되고 작업이 개선되어 성과가 올라갈 수 있었다.

근로자들은 이렇게 숨통을 막는 관리 통제 방식을 싫어했고, 불신 문화가 만들어졌다. 공장에서 사무실로, 산업시대에서 정보시대로 옮겨진 이러한 불신문화가 인터넷이 제공하는 유연한 업무 방식을 채택하지 못하게 하는 원인이다. 간단히 말해서 기업 경영자들과 관리자들은 직원들이 눈에 보이지 않아도 열심히 일할 것이라고 믿지 못한다. 하지만 일에 따라 어쩔 수 없이 직원들에게 자율권을 줄 수밖에 없는 일들이 있다. 예를 들어 판매, 마케팅, 운송 등의 일이다. 심지어 여기에서도 발달된 통신기술을 이용해 사원들을 치밀하게 관리 통제한다. 휴대폰이 여기에서 가장 크게 기여한다. 휴대폰을 이용해 관리자들은 외근 중인 직원들을 통제한다.

회사와 사원 간의 신뢰관계가 만들어지기 전까지는 인터넷으로 인한 근무 방식의 혁명은 실현되지 못할 것이다. 이것이 실현된다면 사무실 공간이 줄어들어 운영비가 크게 감소될 수 있다. 유지관리비, 청소와 난방비, 시설관리비 등도 크게 감소된다. 유연한 업무 방식으로 핫 데스킹(hot desking)이 도입되어 사원들마다 회사 사무실에 자기 책상을 요구하는 일이 사라질 수 있다.

그러나 이러한 변화를 막는 것이 단순히 신뢰 부족만은 아니다. 사원들 스스로도 집에서 일하기를 꺼려한다. 직장이 가정으로부터 실제

떨어져 있기를 원한다. 집에서 일한다면 회사가 자신의 사생활에까지 간섭하게 만들 것이기 때문이다. 자기 집의 방 하나를 왜 회사를 위한 사무실로 써야 한단 말인가? 가족의 행동이 어째서 회사일로 영향을 받아야 하는가?

유연한 업무 방식과 일과 사생활 간의 균형 잡기를 논하는 데 있어 가정에서 일하기가 문제를 더 악화시킬 수 있다는 것을 간과한다. 재택근무는 일로부터 도피할 수 있는 장소까지 빼앗는다. 휴식 시간, 여가 활동, 개인의 아이덴티티까지 침입하는 것이다. 재택근무는 사원들이 자신의 시간을 자율적으로 관리해 가사와 일을 함께 처리할 수 있게 해줄 수 있지만 일로부터 해방될 수 없다는 정서적·심리적 부담도 동반한다. 자기 일을 아주 좋아하는 사람에게는 아무 문제가 되지 않지만, 그렇지 않은 사람에게는 스트레스가 가중된다.

재택근무에 반대하는 이유는 이 밖에도 많다. 인간은 사회적 동물이다. 우리는 사람들과 직접 만나서 교류하기를 더 좋아한다. 이메일과 휴대폰 통화도 이를 대신하지는 못한다. 전화통신이 직접 만남을 대신할 것이라는 생각은 통신 회사들의 망상이다. 통신기술은 만남 사이사이의 갭을 메꾸어주고 만남을 대신하기는커녕 더 자주 만나게 만들어준다. 2001년 9월 11일 맨하탄의 참극이 있기 전까지 화상회의가 가능한데도 불구하고 항공기를 이용한 여행은 꾸준히 증가하고 있었다. 직접 대화의 뉘앙스와 분위기가 전달되지 않기 때문에 화상회의는 언제나 차선책이다. 재택근무를 주장하는 사람들은 창의성과 기술 혁신의 본질을 오해하고 있다. 혼자서 생각해 낸 아이디어가 신제품이나 발명품으로 개발되는 예는 아주 드물다. 창의력은 사회적 과정이며 토론과 분석, 비판, 시행착오의 산물이다. 재택근무나 화상회의로는 이러한 것들을 추구할 수 없다. 이것은 직접 만남과 친밀한 관계를 필요로 한다.

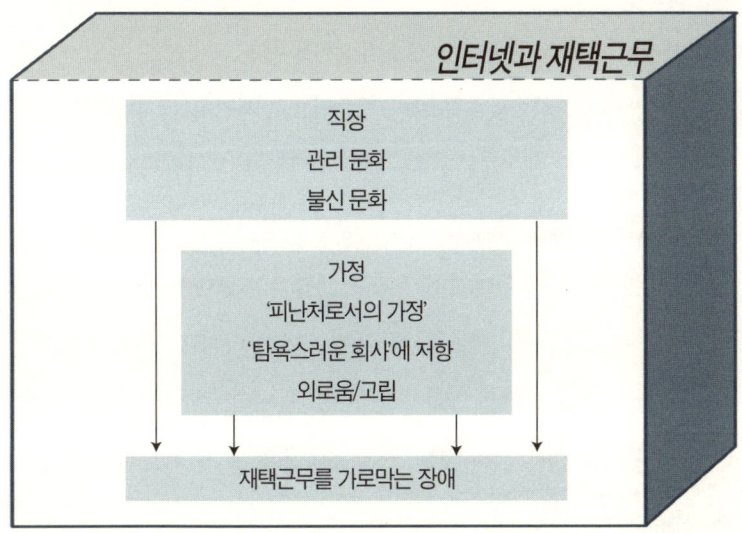

이러한 이유 때문에 기술 예언가들이 말하는 꿈은 실현되지 않을 것 같다. 인터넷이 회사 사무실을 필요 없게 만들지는 못할 것이다. 사원들은 계속 출퇴근해야 할 것이고 가정은 '탐욕스러운' 회사의 요구로부터 보호받을 것이다. 현대 사회에서 가정은 관리자와 프로젝트 팀장으로부터 보호받을 수 있는 피난처이다. 사원들이 일거리를 집으로 가져가야 할 때가 있고 업무를 완수하기 위해서 직장 안에서 또는 밖에서 장시간 일해야 할 때가 많다. 그러므로 집에서도 일하라는 제안은 이론적으로

는 재택근무가 가능한 직종의 사람들에게도 환영받기 어렵다.

그러나 어느 정도의 변화는 있을 것이다. 매일 출근하는 경직된 근무 형태는 바뀔 것이다. 정보 통신 기술의 발달로 유연한 업무 방식이 가능해졌으므로 사원들이 집으로 일거리를 가져가는 일이 많아질 것이다. 직장은 사원들이 교류할 수 있는 장소로 다시 디자인되어 창의력과 혁신적 아이디어를 창출하는 장소가 될 것이다. 프로젝트 계획서와 판매 전략안, 업무 관련 서류와 기타 집중적으로 시간을 들여야 하는 일은 집에서 하고, 나중에 이를 동료들과 분석하고 토론하는 일은 직장에서 한다. 이런 식으로 근무 형태와 업무 방식이 산업시대보다는 훨씬 더 다양해질 것이다. 그러나 이것이 일과 사생활간의 균형 잡는 문제를 해결해주지는 못한다. 사실, 회사가 직원의 개인적 라이프스타일까지 개입하려고 함에 따라 상황을 악화시킬 수 있다. 지식 근로자들이 회사로부터 탈출할 길은 없는 듯이 보인다. 텔레비전을 볼 때나 스쿼시를 칠 때에도 말이다.

:: 평생 학습이라는 숙제

각 개인이 자신의 삶을 관리할 책임이 커지고 있다. 과거에는 기업들이 평생직장을 제공했다. 십대 중반 또는 후반에 공식 교육이 끝나면 평생직장에서 일이 시작되었다. 제조업의 구조에 필요한 노동시장은 아주 단순했다. 생산적인 육체노동을 할 사람이 필요했고, 육체노동자들을 감독할 사람이 필요했다. 이렇게 단순한 노동시장 조건에 맞도록 유럽의 선별적 교육 시스템이 맞추어졌다.

이렇게 단순한 근무 방식의 안정성은 파괴되었다. 기술 혁신은 끊임없이 새로운 기술을 요구한다. 인수합병과 새로운 기술의 적용으로 인한 기업의 변화는 이러한 패턴을 가속화한다. 어떤 직업도 이러한 과정에서 제외되지 못한다. 이것은 단순히 고임금의 지식 기반 근로자들에게만 해당되지 않는다. 기술 발전의 결과로 배관공, 텔레비전 엔지니어, 웨이터, 트럭 운전사들도 지속적으로 새로운 기술을 배워야 한다. 심지어는 대학 교수들도 강의 노트를 읽는 대신에 파워포인트를 사용해 강의할 것을 요구받는다. 학생들은 그와 함께 최첨단의 깨끗한 유인물을 기대한다.

변화하는 근무 환경은 종업원들이 스스로 필요한 기술을 배워야 함을 의미한다. 이제는 더 이상 정부나 회사가 해주기를 기대할 수 없다. 자신의 야망과 일자리 기회에 관련해서 자신에게 필요한 기술이 무엇인지도 스스로 결정해야 한다. 동시에 대인관계 능력도 지속적으로 발전시켜야 한다. 제조업 회사에서는 대체로 학교와 직장교육에서 배운 기술로 충분했다. 지식 기반 회사에서는 동료들과 팀을 이루어 아이디어를 설명하고, 타협하고, 대화하면서 일하는 법도 필요하다. 대인관계술을 특정 직장 분위기와 리더십 형태, 팀 분위기에 맞게 지속적으로 변화시켜야 한다. 전통적인 교실 교육에서는 이런 것들을 배울 수 없다. 어떤 개인이 이런 능력을 가지고 있다고 증명할 졸업장이 있는 것도 아니다. 각 개인이 경력 포트폴리오를 만들어 스스로 독학 전략을 세워야 한다. 한 회사에서 다른 회사로 옮기면서 반드시 스스로 학습 전략을 만들어야 한다.

독학이 반드시 일과 관계될 필요는 없다. 보다 역동적인 라이프스타일을 위한 학습도 필요하다. 20대에서 40대 중후반까지는 일이 가장 중요하지만, 그 이후에는 우선순위가 달라진다. 50대 초반에게는 직장을 그만둠으로써 새로운 기술을 배우고 과거 직업에서는 필요치 않았던 새로운 분야관심거리와 재능을 개발할 기회를 맞는다. 이것은 지식 근로자들의 공부에는 절대 끝이 없음을 의미한다. 유럽과 미국에서 평균 수명이 80대 중반과 후반까지 연장되면서 은퇴 후의 삶이 30년 이상이 된다. 사실 직장 생활보다 더 긴 시간이다. 따라서 고용주나 시장을 위한 것이 아닌 개인의 관심 분야를 발전시키는 능력과 자기 학습이 매우 중요하다. 이 능력이 없는 사람들은 심리적으로 위축되고 우울함을 느낄 것이다.

사람들의 라이프스타일이 다양해짐에 따라 보다 쉽게 적응하는 정서적·사회적 능력이 필요하다. 과거에는 가족 관계가 더 안정적이었다. 배우자들은 지금보다 더 오랜 시간을 함께 보냈다. 50세 이상이 이혼하는 사람들은 거의 없었다. 오늘날에는 모든 파트너 관계나 부부 관계를 일시적 관계로 보아야 한다. 아무것도 당연한 것으로 여겨지는 것은 없다. 성 혁명은 여성에게 자신감과 독립심을 심어주었다. 경제력이

생기면서 여성은 파트너가 자신의 필요를 충족시켜주지 못한다고 생각
하면 관계를 청산한다. 남성 파트너의 수용할 수 없는 행동을 이제는 참
고 견디지 않는다. 이것이 남성과 여성 모두에게 자기 개발과 학습의 필
요성을 제시한다. 남성 여성 모두 개인적 관계에서 보다 유연하고 적응
력이 있어야 한다.

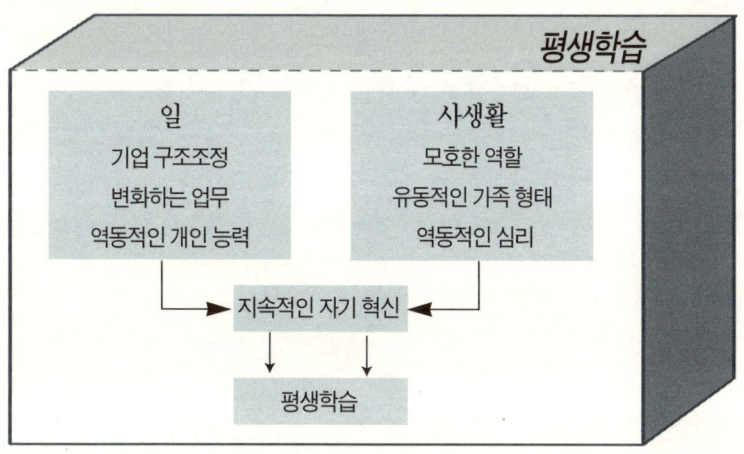

이러한 경향은 정보시대에 더 두드러지게 나타나고 있으며, 이로 인
해 교육시스템은 무엇을 어떻게 가르쳐야 하는지 어려운 문제를 안게
되었다. 근무 패턴과 라이프스타일의 변화는 보다 유연한 학습 경험을
필요로 한다. 이 변화는 각 개인에게 지적 기술적 교육뿐 아니라 정서적
사회적 능력도 배울 기회를 제공할 것을 요구한다. 스칸디나비아 국가
들은 이미 이 방향으로 가고 있다. 이들 국가에서는 대인관계 기술, 팀
을 이루어 일하는 능력, 지속적으로 변하는 업무 방식에 대처하기에 더
큰 비중을 둔다. 필요한 모든 교육을 사람이 태어나서부터 20년간의 시

간에 모두 끝낼 수는 없다고 생각한다. 일과 라이프스타일의 불확실성은 지속적으로 개인의 기술과 능력을 업 데이트 할 것을 요구한다. 직장생활의 기간이 짧아지면서 사람들은 은퇴 후를 위해서 창의적인 능력을 개발할 수 있어야 한다. 사람들이 이러한 능력을 스스로 배워야할 책임이 더 커진다. 정부도 기본적인 읽기와 셈하기 공부 외에 자신의 창의적 능력을 파악하고 개발하는 기회를 제공해야 한다. 미래의 직장 생활은 오늘날보다 훨씬 더 다양해질 것이다.

다양한
라이프
스타일

:: 전통적인 분류기준의 종말

　과거에 우리는 상당히 간단한 기준으로 사람들의 행동을 이해할 수
있었다. 나이, 직업, 소득, 성별 등이 그 기준이었다. 이러한 기준에 따
라 사람들을 분류하고 그 분류에 따라 상품과 서비스를 판매했다. 이러
한 그룹으로 사람들을 나누고 그들을 목표 고객으로 광고와 마케팅, 판
매 전략을 세웠다. 이러한 기준들이 사람들의 행동을 결정하는 주요 요
인으로 보고 미디어 산업 전체가 그것을 중심으로 돌아갔다. 이들 목표
고객을 대상으로 영화와 잡지, 텔레비전 프로그램, 라디오 프로그램 등
이 제작되었다. 불행하게도 나이, 직업, 소득, 성별 등의 전통적인 분류
기준은 이제 더 이상 그 의미가 없다. 이것으로는 사람들의 행동, 가치
관, 라이프스타일을 예측할 수 없게 된 것이다. 사람들은 이제 나이나
사회경제적 위치에 따라 돈을 쓰지 않는다. 그들이 좋아하는 여가 활동,
식사, 여행지, 라이프스타일은 이러한 '객관적' 기준으로 결정되지 않

는다.

지식 근로자들은 세련된 사람들이다. 그들은 두뇌를 이용해 거래하고 일한다. 그들은 직관적이고 창의적이어야 하고 판단력과 재량권을 행사한다. 그들은 합리적인 분석과 논리적 평가에 따라 결정해야 한다. 그들의 고용주인 회사가 그들의 재능과 기술을 얼마나 깊이 있게 이용하느냐에 관계없이 그들은 매우 개인적이고 순응을 싫어한다. 따라서 그들은 미디어에 대해 냉소적이고 회의적이다. 소비자로서 그들은 거부하고 불신하는 경향이 강하다. 그들을 목표로 만들어진 광고들은 대개 비용 낭비일 뿐이다. 이러한 심리가 그들이 광고와 마케팅 전략의 호소를 거부하게 만든다. 미디어가 제공하는 메시지를 당연한 것으로 받아들이지 않고 끊임없이 평가하고 저울질한다.

그렇기 때문에 기업 브랜딩이 중요하다. 지식 근로자들은 신문과 잡지에서 기업들에 대한 기사를 읽는다. 개인주주로서 기업의 연례 보고서를 받는다. 소비자로서 기업이 약속을 지키는지 상품과 서비스의 질은 어떤지를 계속 평가한다. 오염물질과 환경문제, 종업원에 대한 대우, 제품 원료의 추적 가능성 등에 대한 그 회사의 기록을 검토한다. 이들 고객에게는 기업 마케팅과 광고의 효과가 상당히 제한된다. 만약 신문과 텔레비전이 어떤 회사의 비윤리적 행동이나 기업 운영, 약자의 노동력 착취를 폭로한다면 기업의 브랜드 이미지를 바꾸기 위해서 할 수 있는 일은 거의 없다. 물질 풍요의 시대에 소비자들이 유형의 질보다 무형의 질을 더 중시하면서 이런 추세는 가속화되고 있다. 유형의 질은 이제 당연한 것으로 받아들여진다. 자동차와 가전제품이 쉽게 고장 나서는 안 된다는 것은 이제 너무나 당연한 것이다. 그들이 구매하는 상품과 서비스가 그들의 필요를 충족시키는 것을 소비자들은 당연시한다. 소비자가 추구하는 무형의 질은 개인의 아이덴티티와 경험, 유대감과 관계있다.

동일한 라이프스타일 집단의 형성에 근간을 이루는 것이 바로 이렇게 공통된 경험들이다. 이런 것들이 소비자의 구매 패턴을 파악하는데 인구 통계 자료보다 더 중요해졌다. 경험의 공유는 기존의 경계를 무시하고 넘나든다. 공통된 관심사는 스포츠와 취미에서 예술 활동에 이르기까지 다양하다. 중요한 것은 소비자들이 나이와 성별, 직업과 관계없는 구매 패턴을 만드는 아이덴티티와 관심사를 스스로 만든다는 점이다. 라이프스타일 집단은 사회적으로 혼합되어 있고 기존의 마케팅 분류 경계를 무시한다. 기업들은 자사 브랜드 주위로 이 집단들을 끌어들여야 한다. 이것이 텔레비전 광고, 신문 광고, 고객 카드의 목적이다. 효과적인 마케팅 전략과 판매 전략을 위해서는 인구통계 자료보다는 경험에 근거한 자료를 사용해 목표 고객을 집중 공략해야 한다. 여기에는 심도 있는 질적 데이터가 필요한데, 대부분의 기업들은 아직 이를 이용할 준비가 되어있지 않다.

이것이 미디어 산업의 광고와 마케팅, 판매 기능에 주는 의미는 매우 크다. 목표 고객에 다가가기 위해서는 과거의 사고방식을 버리고 보다 발전된 방법을 동원해야 한다. 이를 위해서 광고회사들은 더욱 독창적이고 상상력이 풍부해야 하며, 기업들은 자사제품을 홍보하는데 있어 기존의 인구통계 자료에 의존하지 말고 보다 적극적으로 목표 고객 집단을 분류해야 한다. 이것은 또 광고업계가 기존의 틀 안에서 변형하는 수준의 작업에서 벗어나 제대로 일해야 함을 의미한다.

　직업과 연령, 소득, 성별이 완전히 부적당한 기준이라는 말이 아니라 이 요소들이 과거처럼 소비자의 태도와 행동을 예측하지 못한다는 말이다. 이것은 개인의 라이프스타일이 계속 변하기 때문이다. 이제는 과거의 패턴을 가지고 미래의 패턴을 예상할 수 없다. 소비자들이 인구통계 자료 기준에 따라 행동하지 않으며 브랜드와 전통주의, 소비자 충성심도 중요한 역할을 하지 않는다. 소비자들은 구매 행동에 있어 개별화되었고, 냉소적이고, 자신감 있으며, 심지어는 자기주장을 내세우기도 한다. 소비자가 어떤 상품에 얼마만큼 지출하는지를 안정되게 예측했던 과거의 라이프스타일과 연령에 따른 패턴은 사라졌다. 이렇게 된데에는 여러 가지 요인이 있다.

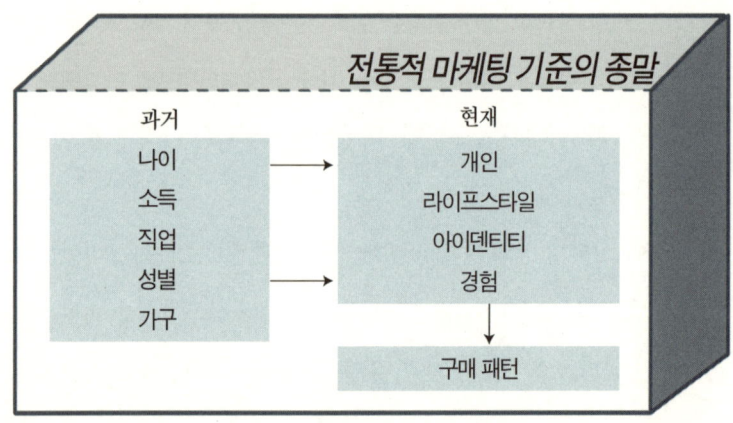

　그 한 가지는 사람들이 개인생활과 직장생활에서의 불확실성과 리스크다. 과거에는 나이와 직장에서의 승진, 소비력의 상관관계가 매우

높았다. 나이가 많을수록 직장에서의 위치는 높았고, 그만큼 지출할 수 있는 소득이 많았다. 주택융자와 기타 장기융자 제공 기록을 보면 이 패턴을 알 수 있다. 융자를 받는 쪽과 주는 쪽 모두 시간이 지나면서, 즉 나이가 들면서 소득이 증가할 것이라고 생각했다. 오늘날의 수평화 되고 탈중앙화된 기업 구조에서 예측 가능한 직장은 없으며, 이것이 미래 수입에 대한 확신을 사라지게 만든다.

더구나 평생직장 개념이 사라지면서 개인의 라이프스타일과 지출 패턴도 달라졌다. 회사들은 이제 사원들이 사생활에서 회사의 홍보대사 역할을 하리라 기대하지 않는다. 직장 내외에서 또는 사무실이나 집에서든 근무가 끝나면 사원들은 나름의 라이프스타일과 여가 활동을 즐긴다. 회사원으로서 표준적 생활의 개념은 사라졌다. 기업들은 사원들의 시간을 요구하는 데는 욕심이 많을지 모르지만 그들의 라이프스타일에는 손댈 수 없다. 개인의 여가 활동에서도 일치가 요구되었던 과거의 기업 가치관은 파괴되었다. 종업원들은 '수용할만한 정도의' 근무 시간 중에 회사가 원하는 결과를 제공한 다음에는 '자유로운' 시간에는 자신이 원하는 일을 할 수 있다.

이제 사람들은 개인의 라이프스타일에서 개성과 '다름'을 표현하고 싶어 한다. '똑같이 따라하기'는 개성과 카리스마의 부족으로 여겨진다. 칭송받기 위해서는 달라야 하고 유명인사처럼 행동해야 한다. 기업 리더들은 자전거를 즐기고, 재즈나 록 음악을 연주하고, 등산하는 등의 활동을 극찬한다. 어떤 이들은 불법적인 약물을 복용하고, '튀는' 옷을 입거나, 아주 위험한 스포츠를 즐김으로써 자신의 개성을 표현한다. 기업 리더는 사원들에게 차별화되고 '개성을 표현하라' 는 메시지를 전달한다. '정상적' 근무 시간에 방해가 되지 않는 한도 내에서 회사 규정을 지키면 된다.

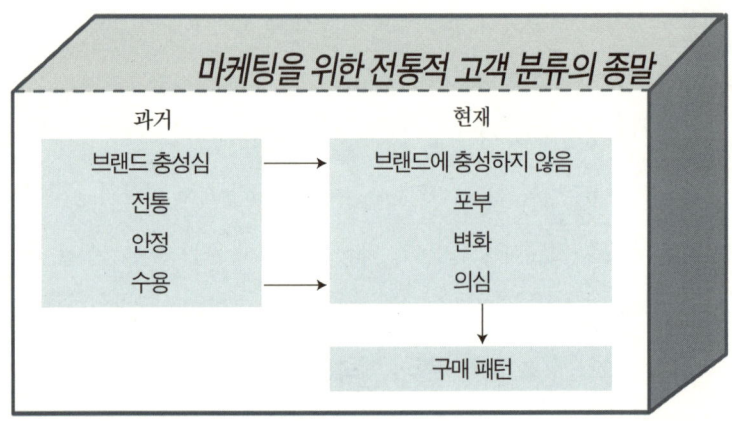

이러한 변화에 개인의 사생활에 영향을 미치는 다른 요소들까지 겹쳐 상황은 더욱 복잡하다. 이제 커플들은 더 이상 상대를 평생의 파트너로 생각하지 않는다. 파트너 관계란 일시적이거나 기껏해야 중단기 관계란 생각들이 점점 더 확산되고 있다. 20대에 동거를 시작하는 사람들은 30대에 헤어지고 독신이 되기 쉽다. 그 후로는 동거하다 헤어지기를 반복하다 독신으로 남는다. 중장년에 이혼하거나 헤어지는 커플들이 증가하고 있다.

과거에는 나이에 따라 라이프스타일이 정해져 있었다. 연령 그룹에 따라 옷 입는 방식, 가치관, 여가 패턴 등에 대한 사회적 불문율이 있었다. 오늘날에는 연령과 라이프스타일 간의 상관관계는 찾아볼 수 없다.

30대의 독신들은 같은 또래의 파트너가 있는 친구들보다 20대와 더 많은 공통점을 갖는다. '젊음'의 문화가 20대에서 40대까지 확산되었다. 마찬가지로 평균수명이 늘어나면서 50대들도 자신이 늙었다고 생각하지 않는다. 그들은 신나는 미래를 앞두고 있는 50대로 생각한다.

성에 따른 라이프스타일 구분도 사라지고 있다. 여성에게 더 많은 일자리가 주어지면서 경제력이 생기자 여성도 주택 융자를 받아 혼자살 수 있게 되었다. 높은 교육 수준, 전문 직업 교육, 기업에서의 승진 등을 통해 자신감 넘치는 여성들이 출현했고 다른 여성들은 이들을 따라 행동한다. 미국과 유럽에서 여성의 사회적 아이덴티티는 재정의 되었다. 이것은 불가피하게 남성의 아이덴티티도 재정의 한다. 그 결과 남성과 여성의 아이덴티티가 구분되지 않고 혼합되었다. 이제 더 이상 남성과 여성의 구분은 없다.

나이와 직업, 소득이 더 이상 소비자의 소비 패턴을 규정하는 기준이 되지 않는다는 것은 기업들이 자체로 소비자를 분류하는 마케팅 전략을 세워야함을 의미한다. 즉 기업 브랜드가 주는 메시지 주변으로 라이프스타일 집단을 끌어와야 한다. 기업들은 자사의 상품과 서비스에 관련하여 브랜드별로 소비자 그룹을 나누어 목표 고객을 정해야 한다. 이것은 기업 광고, 마케팅과 판매 전략이 더 복잡하고, 직관적이고, 창의적이어야 함을 의미한다. 동시에 소비자 마케팅 데이터를 기업의 전략적 지능으로 전환해야 함을 의미한다. 소프트웨어 기술 자체로는 그렇게 하지 못한다. 이제 기업들은 보다 다양해진 소비자의 라이프스타일에 대응해야만 한다.

요즘은 연하의 남자와 사는 여자들이 늘고 있다. 40대 여성들은 혼자 살기도 한다. 20여년을 함께 산 사람들이 헤어진다. 70세까지 일하는 남자들이 있는 반면에 40대 후반에 퇴직하는 남자들도 있다. 우편집배원, 청소부, 기업 최고경영자, 의료 컨설턴트 등 다양한 직업의 사람들이 록 콘서트, 문학 축제, 고고학 탐사 여행 등에서 만난다. 나이와 직업, 소득, 성별의 중요성이 점차 감소되고 있다. 소비자의 과거 행동에 대한 자료는 더 이상 소비자의 미래 필요를 예측하는 도움이 되지 않는다.

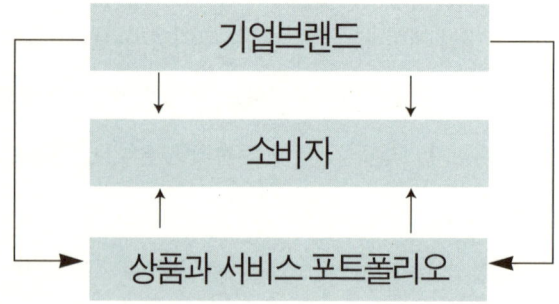

인구 시한폭탄과 변화하는 소비자

인간의 수명이 늘어가고 있음은 잘 알려진 사실이다. 그러나 유럽과 미국의 출산율이 감소하고 있어 미래에 젊은 인력과 소비자가 부족할 것이라는 사실은 그렇게 잘 알려져 있지 않다. 이러한 인구 추세는 미래 시장의 크기에 영향을 줄 것이다. 그러나 가구 구성의 변화와 가구 내의 관계와 아이덴티티도 마찬가지로 중요하다.

우선, 여러 가지 요인으로 인해 독신 가구가 증가하고 있다. 그 한 가지 요인은 남성의 수명이 늘고 있다는 것이다. 전통적으로 여성이 남성보다 오래 살아서 여성이 재산을 더 많이 물려받는다. 그러나 남성이 여성을 따라잡고 있다. 건강한 식사, 라이프스타일, 잦은 건강 검진의 덕택이다. 치명적인 질병들을 지금은 조기에 발견해서 치료할 수 있다. 의료 기술의 발달로 남성과 여성이 모두 더 오래 살 수 있다. 80대 후반의 많은 노인들이 삶의 질을 떨어뜨리는 여러 가지 장애를 겪는다는 사실은 별개의 문제다. 그러나 남성이 여성보다 더 오래 사는 경우가 많은 가장 큰 이유는 남성들의 조기 퇴직이 증가했다는 것이다. 조기 퇴직의 증가와 65세까지 일하는 사람의 수가 급격하게 감소함에 따라 혼자 사는 남성 인구의 비율이 증가하고 있다. 일부 유럽 국가에서는 30%에 달하기도 한다.

　특히 30대와 40대 남성과 여성의 독신 가구가 크게 증가하고 있다. 전통적으로 이 연령의 사람들이 가족 가치의 핵심을 이루던 사람들이다. 이들의 소비 패턴은 매우 안정적이고 예측 가능했으므로 광고와 마케팅의 대표적인 타킷이었다. 독신을 선택하는 사람들과 남성과 여성 모두 파트너와 헤어지는 사례가 증가하면서 가족 핵심층이 붕괴되었다. 이 연령대의 사람들이 지금은 독신자 중 상당 부분을 차지한다. 이들 독신자 중에는 동거했다 혼자 살다를 반복하는 사람들이 있고, 파트너가 떠났기 때문에 어쩔 수 없이 혼자 사는 사람들도 있다. 세계의 주요 대도시인 뉴욕, 런던, 암스테르담, 베를린, 스톡홀름, 샌프란시스코에서 현재 독신 가구 수가 전체 가구 수에서 가장 큰 비중을 차지한다.

이 독신 가구들은 도시의 특정 지역에 집중되는 경향이 있어 그들의 주택형태와 레크리에이션, 여가 활동의 특성을 보여준다. 이들은 나이와 소득 등 소비 패턴을 결정했던 과거 인구 변수를 무색케 하는 라이프스타일 집단을 구성한다. 독신 가구를 하나의 소비자 집단으로 분류한다 해도 그들의 다양성과 태도의 미묘한 차이는 반영되지 못한다.

30대에게는 혼자 사는 남성과 여성 사이에 분명한 차이가 있다. 독신 30대 남성은 독신 30대 여성에 비해 건강도 좋지 않고 행복지수도 낮은 경향이 있다. 그들은 고립된 라이프스타일을 갖기 쉽고 가까운 친구도 없이 그저 아는 사람이 몇 명 있는 정도이다. 그들에게는 도움이 될 지원 네트워크가 거의 없다. 그들의 여가 생활은 밖에서 밥 사먹기, 술 마시기, 스포츠 보러 가기 등이다. 이와는 반대로 독신 여성들은 완전히 다른 라이프스타일을 보인다. 그들은 독신 남성들보다 더 건강하고 더 즐겁게 살며 다양한 여가 활동을 즐긴다. 그들은 가까운 친구들로 광범위한 네트워크를 만들고 이웃과 가족과도 가깝게 지내는 경향이 있다.

그리고 혼자 살지만 파트너와 장기적 관계를 유지하는 독신 남성과 여성들이 있다. 그들은 자신의 독립성을 보호하면서 동시에 외로움을 피한다. 그들은 커플들이 겪는 일과 사생활 사이의 줄타기 없이 주중에 일에 집중할 수 있다. 여자가 임신을 하면 그때서야 이 두 살림 형태에 대한 중대한 결정을 내려야 한다. 그때까지는 두 사람이 각자 가구를 유지하면서 독립과 애정을 지속하는 게 가능하다. 또 집을 함께 사용하는 독신자들도 있다. 아직 일을 잡지 못하고 낯선 도시에 온 사람들에게 아파트를 함께 사용하는 일은 경제적으로 크게 도움이 되는 해결책이다.

비교적 낮은 초봉으로 높은 생활비를 감당하기 위해서 일시적으로 남들과 함께 사는 방식을 택한다. 이런 가구에서는 가사 분업이 잘 되어 있어 각자 맡은 책임이 있다. 개인의 라이프스타일은 이런 가구의 집단 활동의 성격에 따라 결정된다. 독신 가구의 성격의 다양함도 역시 전통적인 마케팅 타깃 분류를 무너뜨린다. 다시 말하면 독신 가구도 하나의 동일한 소비자 집단이 되지 못한다.

이것은 과거에는 광고주들의 핵심 목표 시장이 되었던 가구에도 마찬가지로 적용된다. 즉 아이를 둘, 셋 정도 둔 남편과 아내로 이루어진 가정이다. 개인주의 시대는 성인 부부와 자녀들의 개인적 아이덴티티를 바꾸어놓았다. 그리고 가구의 구매 패턴을 변화시켰다. 과거에는 남자는 돈을 어떻게 써야 하는지 결정했고 물건을 사는 구매자는 여자였다. 성 역할과 성 아이덴티티가 변화면서 이런 규칙은 무너졌다. 지금은 남자와 여자가 모두 선택하고 결정한다. 그들은 함께 선택하고 결정하기도 하고 개별적으로 하기도 한다. 이를 통해 자신의 개성을 표현한다는 것도 중요하다. 모든 사적인 관계를 신중하게 다루려면, 기껏해야 중단 기적이지만, 독립적 아이덴티티를 유지한다는 것이 보험과도 같은 역할을 할 것이다. 과거의 여성들이 아내와 어머니로서의 자신을 가장 중요시했다면 지금의 여성들은 독립심을 가진 개인으로서의 자신을 가장 중시하고 특정 시기가 되면 아이를 기르고 배우자를 돕는다고 생각한다.

독립적 개인이 모인 단위로 정의되는 가족의 개념은 자녀들의 심리가 변하면서 더 강화된다. 아주 일찍부터 아이들은 피부양가족으로서의 아이덴티티를 거부한다. 십대 초반이면 자신이 독립된 개인이라는 생각을 정립한다. 일 때문에 바쁜 부모들 때문에 아이들은 일찍이 개인주의를 배운다. 자신의 침실을 자기 공간으로 해서 텔레비전, 오디오, 컴퓨터, 비디오 게임을 갖고 있는 아이들은 중요한 마케팅 대상이 된다. 가족이 모두 밖에서 활동하면서 연락하기 때문에 지난 몇 년 사이 휴대폰 시장의 폭발적 성장은 당연한 것이다.

소비자 지출은 가구의 성격 변화에 따라 변한다. 가구의 특성은 성 혁명, 변화하는 근무 패턴, 늘어난 수명, 기타 다양한 라이프스타일 추세에 의해 변화되었다. 이것은 기업의 광고와 마케팅 판매 전략이 타깃으로 하는 소비자 집단이 보다 정밀하게 세분되어야 함을 의미한다. 개인들은 여러 라이프스타일을 거친다. 다양성과 변화는 안정성보다는 개인의 소비 패턴을 말해준다. 이 정보를 기업의 정보 관리 시스템으로 포착하는 일이 기업의 숙제다. 이것은 CRM이 기업의 전략 핵심임을 의미한다.

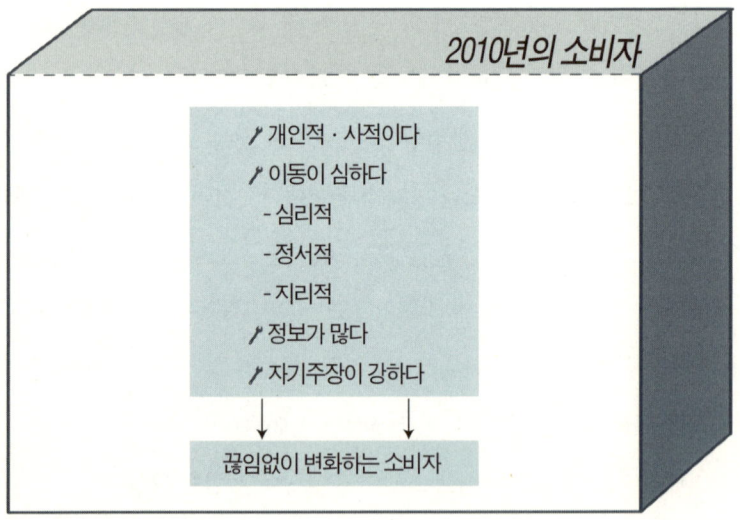

:: 누가 돈을 쓰는가? 돈보다 시간이 더 중요한가?

이제는 나이와 성별 등에 따라 돈 쓰임새가 구분되지 않는다. 50대가 가장 놀라운 변화를 보이고 있다. 한 때는 동질성이 매우 강했던 이 사회경제적 집단이 지금은 매우 다양한 양상을 보인다. 50대가 다양한 라이프스타일 집단으로 세분되는 양상은 전체 사회의 경향을 잘 보여준다. 유럽에서 50대중 정규직을 갖고 있는 사람의 수가 감소하고 있다. 자발적으로 또는 밀려서 노동시장에서 퇴출하고 있다. 일부는 프리랜서 컨설턴트로 일하거나 파트타임으로 일한다. 직장을 잃고 정규직을 찾는 사람들도 있다. 그러나 조기 퇴직을 위해 경제적 계획을 세우고 퇴직 후 생활을 즐기는 사람들도 있다.

50대의 창업도 증가하고 있는 추세다. 기업 구조조정으로 일자리를 잃은 사람들에게 창업은 매력적인 대안이 된다. 이들은 주로 관리자였거나 전문직 종사자, 여러 가지 전문 기술을 가진 사람들이다. 이러한 기술을 가지고 이들은 틈새시장을 찾는다. 지출 패턴에도 거의 변화가 없이 일에 집중하는 이들의 태도는 계속된다. 물론 회사로부터의 압력이 없어 일과 사생활 사이의 균형도 만족스럽게 유지할 수 있다. 그러나 계획적으로 50대 초반에 퇴직할 수 있도록 준비한 사람들이 증가하고 있다. 이들은 은퇴하기에 충분한 경제적 보상을 축적해 놓은 사람들이다. 그들은 퇴직이 자신의 새로운 재능을 개발할 기회를 제공한다고 생각한다.

이들은 돈과 시간이 많은 소비자로 분류된다. 이들은 쓸 돈과 시간을 갖고 있으며 수명이 늘어남에 따라 자신을 아직 젊다고 생각한다. 영국에서 실시된 한 조사에 따르면 50대와 40대 간에 태도와 가치관의 차이가 없다고 한다. 60대가 되어서야 나이에 관련된 차이가 나타나기 시작한다. 여기에는 여러 가지 요인이 있는데, 우선 향상된 건강과 체력, 그리고 증가된 평균수명을 들 수 있다. 50대들은 인생의 절정기가 아직 지나지 않았다고 생각한다.

여행과 외식, 여가 활동에 가장 많이 지출하는 집단이 바로 50대다. 1990년대에 그들의 라이프스타일은 가정 중심에서 집 밖에서의 모임과 여가, 오락 활동으로 변화되었다. 이것은 소비자로서 그들의 아이덴티티를 바꾸어 놓았다. 과거에 그들은 입는 옷과 자동차, 가구에서 편안함과 기능성을 찾았다. 이 모든 것이 변했다. 이제 그들은 패션과 라이프스타일 상품을 찾는다. 시간이 많으므로 이들은 여러 상품을 비교하고 대조하고 선택한다. 그들은 소매업자끼리 경쟁을 시킨다. 그들은 더 이상 기업 브랜드의 충성스러운 고객이 아니다. 과거에는 은행과 자동차 판매사, 기타 회사들이 고객에게 평생의 충성을 기대했다. 빚이 많은 20대에 고객을 끌어들여 50대의 여유 있는 소비자가 될 때까지 유지했다. 이런 구매 행동 모델이 이제는 50대의 이 연령 집단에 적용되지 않는다. 그들은 많은 상품 정보를 갖고, 자기주장과 자신감을 갖고 협상하는 젊은 소비자로서 행동한다. 그러나 한 가지 차이는 있다. 50대들의 소비 패턴은 어떤 라이프스타일 집단에 속하느냐에 따라 상당한 유연성을 보인다. 이들이 보이는 소비력의 유동성은 주택융자금과 자녀 양육비, 제한된 예산 등으로 소비 패턴이 제한을 받는 젊은 가구들에 비해 훨씬 더 크다. 그런데 광고회사와 미디어는 여전히 이들을 무시한다.

50대 연령 집단에는 소위 '샌드위치 세대'라 불리는 소비자들도 있다. 이들에게는 70대 후반이나 80대 후반으로 여러 가지 장애를 안고 있는 부모가 있다. 이 부모들은 집에서 간호를 필요로 하고 때로는 24시간 내내 돌보아야 한다. 동시에 첫 결혼에서 얻은 아직 대학을 다니는 자녀가 있고 두 번째와 세 번째 여자에게서 얻은 학교를 다니는 자녀가 있기도 하다. 이 샌드위치 세대에게는 소비 패턴과 라이프스타일이 3세대의 필요에 따라 3세대 사이의 어디론가 끼워맞추어진다.

50대에 이혼하는 사람들도 증가하고 있다. 조기 퇴직이나 배우자와 공통되는 점이 없음을 깨달았기 때문이다. 50대에 혼자 살게 된 이들에게는 사회적 소외와 고독이 안겨진다. 여성보다 도와줄 수 있는 사람들이 적은 남성들은 질병이나 우울증에 걸릴 수 있다. 이런 추세 때문에 남녀를 소개해주는 회사가 성장하고 있다. 50대의 남녀가 어디에서 파트너를 찾겠는가? 젊은이들이 주로 드나드는 클럽, 와인바는 아닐 것이다.

2010년의 소비자

- '나이'의 재정의
- 많은 시간/풍요로운 돈
- 안정에서 끊임없는 변화
- 세대구분의 변화
- 사회경제적 분류 기준에서 라이프스타일 집단
- '샌드위치 세대'

이 모든 패턴들이 지역사회와 동네의 사회적 구조에 반영된다. 50대 남자나 여자가 혼자서 길 한 쪽에 산다. 옆집에 사는 남자는 할아버지가 되면서 동시에 새 파트너와 함께 새 가족을 시작한다. 저 아래 쪽에 사는 50대 부부는 고령의 부모님을 모시고 결혼하지 않고 직장에 다니는 딸이 낳은 손자를 돌본다. 그 집 옆에는 조기퇴직한 부부가 사는데, 별로 할 일도 없고 돈은 충분하기에 여행과, 쇼핑, 창조적인 일을 하면서 주로 시간을 보낸다. 이들이 바로 소매금융회사들이 마케팅 타깃으로 삼는 소위 말하는 '여유 있는 집단'이다. 이렇게 다양한 특성은 소비자를 그들이 사는 거리나 동네로 구분하는 일이 이제는 시대착오적임을 의미한다. 더 복잡해진 개인적 경험과 일 경력으로 다양해진 라이프스타일이 보다 역동적이며 지속적으로 변화하는 소비자들을 만들고 있다. 이들은 전통적인 마케팅의 소비자 분류를 거부한다. 왜냐하면 독립심과 자기주장이 가장 강한 구매자들이기 때문이다. 이들은 관심과 선호가 바뀔 때마다 라이프스타일도 바꾼다. 기업들이 일대일 마케팅 전략을 세우고 CRM 시스템을 실행하는 것은 당연하다.

●● 개인 브랜딩─구매하는 물건으로 자신을 브랜드화 할 수 있나?

모든 관계가 일시적인 세상에서 사람들은 어떻게 자신의 아이덴티티를 만드는가? 과거에는 특정 커뮤니티와 동네, 가족의 일원이라는 것이 그 사람에게 소속감과 아이덴티티를 주었다. 사람들은 여기에서 어느 정도 영구적 안정감을 얻었다. 가족, 친구, 동료 네트워크가 정서적 안정감을 주어 개인 생활에서의 불확실성과 리스크를 헤쳐나갈 힘이 되었다.

이러한 구조가 소비자로서 각 개인의 행동을 결정했다. 그것이 지출 패턴에 영향을 주고 라이프스타일을 결정했다. 개인의 가치관과 포부도 자신이 가족, 친구, 지인들로 이루어진 영구적인 집단에 소속되느냐에 따라 결정되었다. 개인이 속한 집단을 보면 행동과 소비 패턴, 어떤 물건에 얼마의 돈을 쓸지 예측할 수 있었다. 각 개인이 집단에서 원하는 라이프스타일을 따라하는 패턴이 만들어졌다. 그와 같은 네트워크 안에서 개인의 아이덴티티는 가족과 배경에 따라 결정되었고 그 세계는 '무엇을 가졌느냐'가 아니라 '당신이 누구냐'의 세계였다.

경제적 사회적 변화가 이와 같은 개인 아이덴티티의 전통적 형성 구조를 파괴했다. 특정 커뮤니티에서의 평생 고용 개념이 사라지면서 개인의 이동성이 심화되었다. 지속적인 기업 구조조정과 인수합병은 지역 사회에서 장기적 네트워크를 만드는 개인의 능력을 파괴했다. 이 동네에서 저 동네로, 이 나라에서 저 나라로 옮겨 다니는 것이 현대의 라이프스타일이다. 사람들의 안정감은 기업 패턴에 의해 파괴되었고 설상가상으로 사생활의 불확실성은 더욱 커졌다. 파트너 교체, 십대 자녀의 심리적 정서적 '독립', 전통적 가족 형태의 쇠퇴는 개인의 불안감을 가중시킨다.

그 결과 개인의 자아 정체성은 지속적으로 위협받는다. 직장과 사생활에서 겪는 지속적인 변화가 지속적인 정체성 위기를 유발한다. '나는 누구인가?', '내가 하고 있는 이 모든 역할 뒤에 진정으로 내가 있는 것인가?', '여러 가지 역할과 책임을 해나가면서 난 더 이상 내가 누구인지 모르겠어'. 이런 생각을 하는 지식 근로자들과 관리자, 전문직 종사자들이 늘고 있다. 지속적으로 변화하는 근무 환경과 개인 관계에서 보상과 관련해서 목표를 달성하려고 계속해서 분투하면서 이런 생각에 빠지게 된다.

어떤 이들은 심리치료와 정신분석, 철학, 종교를 통해서 내적 자아를 찾는데서 해결책을 찾으려 한다. 컴퓨터 전문가들, 생물학자들, 엔지니어들 사이에서 신흥 종교가 발달하고 있음이 이를 설명해준다. 또 어떤 이들은 '진정한' 파트너를 찾음으로써 해결하려고 한다. 서로의 깊은 마음을 표현할 수 있는 파트너인 영혼의 짝을 찾으려고 한다. 여기에서 성은 사랑의 감정과 분리된다. 섹스는 토요일 밤 독신자들이 정서적 개입 없이 즐기는 것이고 순수한 사랑은 보다 복잡한 것이다. 파트너 관계가 깨지는 비율이 높은 것도 이런 이유 때문이다. 그 관계가 잘 돌아가지 않을 때 느끼는 실망감 때문이다. 정서적 필요가 충족되지 않을 때 파트너는 떠난다.

어떤 이들은 물건을 사들이고 특정 라이프스타일을 표현함으로써 정체성 위기를 해결하려고 한다. 이 때의 소비는 소비의 문제라기보다는 자기표현의 문제다. 물질적 재화를 소유함으로써 자신을 표현하고 내가 누구인지를 정의한다. 이 때 기업 브랜딩은 아주 중요한 역할을 한다. 풍요 사회에서 소비재 상품들은 그 기능에 있어서는 아주 비슷하다. 자동차와 가정용품, 의류 등의 상품에서 유형적인 특성은 대동소이하다. 그러나 이 상품들을 차별화시키고 소비자의 아이덴티티에 가치를 더하는 것은 바로 브랜드 가치이다. 브랜드 가치를 통해서 일시적이고 유동적인 세상의 소비자들은 자신의 아이덴티티를 관리하고 그 아이덴티티를 완벽하게 통제하려고 노력한다.

2010년의 소비자

심리상태

- ✔ 자기 중심적
- ✔ 관대함
- ✔ 회의적
- ✔ 즉각적
- ✔ 일시적

여기에서 유명제품과 유명인사에 대한 집착이 나온다. 명품을 구입함으로써 사람들은 자신의 네트워크에서 유명인사가 되고자 한다. 명품은 그들을 뭔가 다르고 특별하게 만들어준다. 이 소비자 시장에서의 기업 브랜딩은 훨씬 더 복잡해진다. 단순히 모든 사람들이 알도록 브랜드를 홍보하는 문제를 넘어선다. 브랜드 규정과 명성, 특정 상품과 서비스를 사용하는데 따른 가치를 홍보하는 것도 마찬가지로 중요하다.

2010년의 일시적 세상

사람들이 추구하는 것

- ✔ 아이덴티티
- ✔ 위험 회피
- ✔ 삶의 질
- ✔ 소속감
- ✔ 건강과 웰빙
- ✔ 정통성

이것이 상품 브랜드 홍보에서 기업 브랜드 홍보로의 변화를 야기한다. 전반적인 기업 브랜드 가치를 홍보함으로써 기업들은 특정 라이프스타일의 소비자들을 겨냥해서 광범위한 상품과 서비스를 판매하고자 한다. 이것이 많은 대기업들이 브랜드를 다시 만들면서 애매해 보이는 브랜드 이름을 채택하는 이유이다. 브랜드 명이 특정 상품이나 서비스와 연관되어서는 안된다. 반대로 브랜드 명이 아주 일반적이어서 그 브랜드 가치 하에 다양한 상품과 서비스를 판매할 수 있어야 한다. 기업들은 이제 목표로 하는 라이프스타일 집단에 호소하기 위해서 분명하고 차별화된 브랜드 가치 홍보에 경쟁한다. 목적은 바로 라이프스타일 집단을 만드는 것이다. CRM이 적략적으로 중요해진 이유도 바로 이것이다.

그런데 기업 브랜딩이 개인의 아이덴티티를 만들어 주는가? 그렇지 않다고 본다. 자신의 아이덴티티를 보여주기 위해서 소비자들이 브랜드 제품을 구매하는지 모르지만, 현대 사회에서는 직장과 사적 인간관계와 마찬가지로 브랜드 가치도 일시적일 수밖에 없다. 사람들은 브랜드 제품을 여러 가지 편의적인 목적으로 사용한다. 그러나 그 밑에는 진정한 자아가 있다. 기업이라는 동물원에서 동물들이 지나가는 구경꾼들에게 여러 가지 방식으로 자신을 보여줄 수 있지만, 그렇다고 표범이 얼룩반점을 바꾸는가? 그 반대로 생각한다면 기업 브랜딩 전략과 소비자의 순진함을 지나치게 강조하는 결과를 낳는다. 그러기에 소비자들은 너무나 기민하고 냉소적이다.

CRM에서 CMR로?

CRM(Customer Relationship Management, 고객관계관리)이 현재 기업들 사이에 유행한다. 회사 행사와 비즈니스 잡지에서 이 **CRM**이 인터넷을 물리치고 가장 큰 화두가 되었다. 보다 집중된 적극적 고객 관계를 개발하도록 했던 지난 몇 년 간의 추세를 보면 당연한 결과이다.

여기에 가장 큰 기여를 한 요인은 과거에는 매우 분산되었던 회사 내부 활동을 하나로 통합하게 해준 기업 정보 시스템의 개발이다. 계속되는 소프트웨어 기술의 발달로 기업들은 수직적 기업 구조를 바꾸어 보다 수평적인 서비스를 소비자에게 제공할 수 있게 되었다. '원 스톱 솔루션'이 유행어가 되었다. 상품 브랜딩이 아닌 기업 브랜딩은 효과적인 **CRM**을 통하여 기업들이 어떻게 소비자에게 지속적으로 새로운 상품을 제공하려고 하는지를 보여준다. 발달된 소프트웨어 기술은 기업들이 엄청난 분량의 소비자 정보도 수집하게 해준다. 이 정보를 이용해 기업들은 소비자들의 과거 구매 패턴의 특징을 파악하고 그에 따라 소비자를 특정 그룹 즉 '라이프스타일 집단'으로 구분할 수 있다. 역동적인 소비자들은 역동적인 회사의 대응을 기대한다. **CRM**이 약속하는 것이 바로 그것이다.

그런데 현실은 전혀 다른 경우가 많다. 그 한 가지 이유는 회사의 주장과는 달리 고객 중심 기업으로 만들기 위한 기업의 구조 개혁이 성공하지 못하기 때문이다. 소프트웨어 기술로 기업 활동 통합이 가능해졌지만 여전히 대다수의 기업들이 기능을 중심으로 계급적 구조를 유지한다. 하나로 통합된 고객 콜센터가 있다고 해서 매우 세분된 백 오피스 활동에 대한 해결책이 제공되지는 않는다. 기업을 측정 가능한 사업 단위, 수익 센터, 운영 부서로 나누는 것이 기업 활동 통합에 방해가 된다. 소프트웨어 시스템의 질도 마찬가지다. 소프트웨어 시스템이 많은 양의 고객 정보를 처리하게 해주지만, 그 자체로 고객 관리의 질을 향상시키지는 못한다. 사실 장기적으로 오히려 그 반대 결과를 가져올 수 있다.

소매업자들은 고객의 구매 패턴을 추적할 수 있는 기술을 자랑한다. 이 정보를 기초로 매장에 상품을 진열하고 제조사와 유통회사의 재고 관리를 돕는다. 여기까지는 아주 좋다. 그러나 두 가지 중요한 약점이 있다. 그와 같은 고객 정보는 과거의 고객 행동만을 보여주지 보다 역동적이고 유동적인 라이프스타일을 가진 현대 고객들의 미래 행동을 예측하게 해주지 못한다. 이런 면에서 CRM은 기업들이 고객에게 너무 밀착하게 해준다. 고객의 현재 필요에 밀착하다 보면 고객의 미래 필요와 따라서 미래의 사업 기회를 놓칠 수 있다. 이와 같은 단기주의는 현재는 실적이 높지만 미래에는 기업이 쇠퇴하는 결과를 낳을 수 있다. 소매업에서 수집한 고객 정보의 더 큰 약점은 이 정보가 고객이 구매한 상품에 따른 것이지 고객이 구매하지 않은 상품은 반영되지 않는다는 점이다. 고객이 상품을 구매하지 않은 이유는 진열된 상품의 질이 다른 매장의 상품보다 좋지 않거나 아니면 찾는 상품이 없었기 때문일 것이다. 실적을 올리려면 매장 관리자에게는 이런 정보가 더 중요하다.

효과적인 CRM을 하려면 기업들은 기술에의 의존에서 탈피해야 한다. 기술 그 자체는 결코 해결책을 제공하지 못하기 때문이다. 기술이란 인간 지능이 전략적 기회를 만들기 위해 이용하는 도구에 지나지 않는다. 소매업 분야에서 성공한 기업들은 보다 전통적인 경영 기법과 연계하여 고객 정보를 사용하는 기업들이다. 이 기업들의 매장 관리자들은 매장에서 고객과 직원들과 대화하는데 많은 시간을 할애한다. 그들은 구매 패턴과 고객들의 반응을 관찰하고, 계산원들의 의견을 물어보고 지속적으로 직접 피드백을 요청한다.

효과적인 CRM에는 인간의 지능과 상상력이 필요하다. 정보 기술이 사람의 두뇌를 대신할 수는 없다. 기술이 대신하게 한다면, 그 결과 기업과 고객들의 거리는 더 멀어져 매우 관료적 기업이 될 것이다. 고객은 콜센터 컴퓨터 모니터에 나타나는 정보 단위와 메일 명단에 인쇄된 이름에 지나지 않을 것이다. 소비자들은 개인으로서 존중되지 않는 이러한 피상적 대중 매케팅을 거부한다.

오늘날의 소비자들이 CRM을 원하는지는 의문이다. 대체로 소비자들은 CRM을 사생활 침해로 간주한다. 특히 고객 정보를 다른 회사에게 팔거나 같은 기업의 다른 상품과 서비스 판매에 이용할 때 그렇게 느낀다. 고객들은 CRM 보다는 CMR(Customer Managed Relations고객 관리 관계)을 좋아한다. 소비자는 기업에 의해 관리되기를 원치 않는다. 오히려 자신들이 기업과의 관계를 관리하고 싶어 한다.

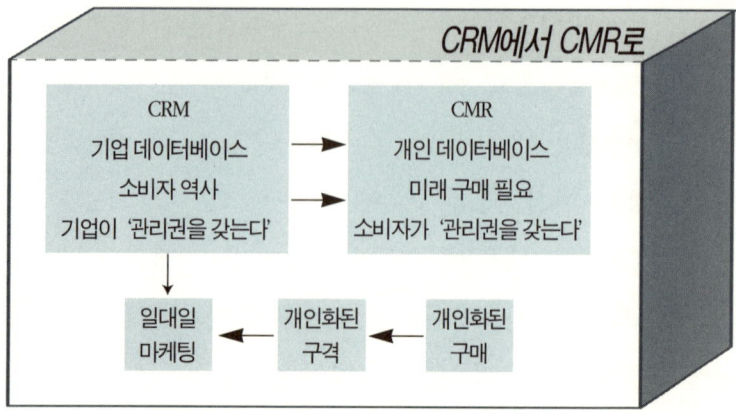

CRM에서 CMR로

CRM
기업 데이터베이스
소비자 역사
기업이 '관리권을 갖는다'

CMR
개인 데이터베이스
미래 구매 필요
소비자가 '관리권을 갖는다'

일대일
마케팅

개인화된
구격

개인화된
구매

물론, 이것은 정보화 전 과거의 경우이다. 쇼핑 거리나 쇼핑몰을 걸으면서 소비자가 상점을 선택해 들어간다. 그리고 구매 여부를 결정하고 그 과정에서 협상을 하기도 한다. 고객으로서 소비자가 통제권을 갖는다. CRM에서 소비자는 기업의 마케팅과 판매 전략의 수동적 대상이 된다. CMR에서는 역할이 뒤바뀌어 과거 구매자와 판매자의 관계로 돌아간다.

인터넷은 CRM과 CMR 모두를 가능하게 한다. 지금까지는 판촉용 도구로서 인터넷의 기능을 전자가 주로 이용했다. CRM은 기업이 고객과의 관계를 관리할 수 있게 해주었다. 변화하는 소비자 심리와 소비자의 인터넷 사용이 발달함에 따라 이 흐름이 뒤바뀔 것이다. 소비자는 온라인에서 상품과 가격을 비교하고 오프라인에서 구매하든가 아니면 그 반대로 오프라인에서 알아보고 온라인에서 구매할 것이다. 소비자는 자신이 좋아하는 회사들에 데이터베이스를 만들 수 있고, 그리하여 회사들끼리 경쟁하게 만들 것이다. CRM의 시대는 끝났다. 이제 CMR이 그 자리를 대신할 것이다. CMR은 소비자가 원하는 조건을 말하고 기업들이 개인화된 가격을 제공할 수밖에 없게 만들 것이다. CMR은 소비자 시장 전체에 영향을 주기 전에 가장 먼저 여행사와 소매금융사에 영향을 미칠 혁명이 될 것이다. 여러 은행의 예금 금리를 동시에 한 스크린에서 볼 수 있는 온라인 계좌 통합은 앞으로 올 엄청난 혁명의 첫발에 불과하다.

온라인 아니면 오프라인?

1998년으로 돌아가보자. 소프트웨어 회사가 주최하는 회의에 참석해보자. 강연내용을 들어보자. 인터넷이 모든 것을 바꿀 것이다. 인터넷은 산업혁명보다 더 큰 변화를 가져올 것이다. 인터넷은 사람들의 일상생활의 모든 측면을 완전히 변화시킬 것이다. 이제 유명한 쇼핑 거리는 사라질 것이다. 상업지구와 소매업 매장의 부동산 가격은 곤두박질할 것이고 쇼핑센터들은 황무지가 될 것이다. 여행 수용도 감소해 항공, 도로, 철도 시스템도 쇠퇴할 것이다. 이런 변화가 발생하는 이유는 인터넷의 발달로 사람들이 집밖으로 나갈 이유가 없어지기 때문이다. 인터넷으로 사람들은 편안하게 의자에 앉아서 온라인 거래를 할 수 있을 것이다. 인터넷의 온라인 데이팅 회사에서 파트너도 만날 수 있으므로 미래의 파트너를 직접 만나는 일은 구식이 될 것이다. 1999년의 신기루 같았던 인터넷의 초기 시대를 생각해보자.

그와 같은 예상은 언제나 쓰레기통으로 던져질 운명을 맞는다. 인터넷과 온라인 거래가 상거래의 성질을 변화시키지 못하고 있다는 말이 아니다. 그러나 인터넷이 혁명적 결과를 가져올 거라는 몇 년 전의 예상은 과장되었고 잘못된 것이었다. 전자상거래의 성장을 예고했던 사업 모델은 몇 가지 오류를 갖고 있다. 우선 기술의 변화 능력에 대한 가정이 잘못되었다. 혁신적 기술이 어떤 일을 가능하게 할 능력이 있다고 해서 반드시 그 일이 발생한다고 볼 수는 없다. 40년 전 콩코드의 사례를 들어보자. 콩코드는 음속보다 더 빠르게 대서양을 건너 승객을 나를 수 있다. 그러나 대부분의 승객들은 더 빠르게 가기보다는 더 저렴하게 가는 쪽을 택했다. 그래서 콩코드를 제치고 747이 성공할 수 있었다.

같은 원리가 인터넷에도 적용된다. 인터넷이 소비자의 구매 패턴을 변화시킬 가능성은 매우 크다. 그러나 정말 그렇게 될지는 여러 가지 사회적 문화적 변수에 달려있다. 어떤 나라에서는 온라인 쇼핑이 특정 라이프스타일 집단으로 한정될 가능성이 크다. 이들은 주로 '돈은 많은데 시간이 없는' 남자들과 소프트웨어, 하이테크, 미디어 산업에서 일하는 여성들이다. 이들은 처음 인터넷을 개발한 지식 근로자들이다. 자신들의 특정 경험과 필요, 선호도를 근거로 그들은 모든 사람들이 동일한 것을 원한다고 가정했다. 닷컴 붐은 소비자가 아니라 기술이 주도했다. 소비자들이 이용 가능성에 대한 연구조사는 거의 없었다. 소비자들이 기존 쇼핑 패턴을 바꿀 가능성에 대한 탐구도 거의 없었다. 사회학과 대학생도 대부분의 사람들에게 쇼핑 몰에서의 쇼핑은 사람들을 만나서 대화하는 경험으로써 사람들이 함께하는 시간을 제공한다고 닷컴 기업에 알려줄 수 있었을 것이다. 교통혼잡, 줄서기, 기타 불편함에 대해 불평하지만, 기본적으로 사람들은 집 밖으로 나가서 북적이는 사람들과 어울려 직접 얼굴을 맞대고 거래하는 경험을 즐긴다. 직접 매장에 가서 물건을 살 때 친구들을 만나고, 영화를 보고, 새로운 장소를 찾아가는 즐거움이 더해지는 반면 인터넷이나 디지털 텔레비전에서의 상품 구매는 상대적으로 그 재미가 떨어진다. 쇼핑은 기능적 활동이 아니라 경험이다. 닷컴 기업들은 이 점을 간과했다.

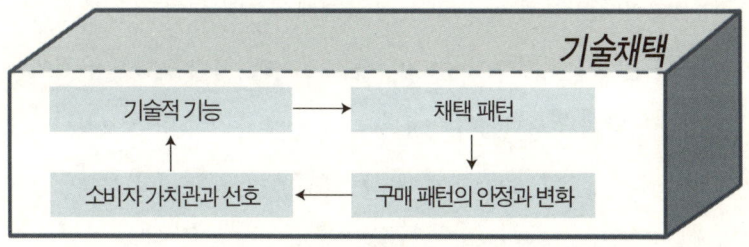

주요 통신회사들이 앞다투어 정부 경매에서 3G 라이센스를 사려고 엄청난 액수를 지불하는 행태도 같은 심리를 보여준다. 지불된 엄청난 그 금액에 합당한 충분한 수요가 있음을 입증하는 사례가 어디에 있단 말인가? 현재 부도 위기에 있는 이들 중 많은 회사들은 그들의 가정이 철저한 검토를 거치지 않았음을 보여준다. 3G 휴대 통신으로 대량의 비디오와 텍스트 데이터를 다운로드할 수 있다. 그런데 도대체 어떤 목적

으로 사용할 수 있단 말인가? 스포츠 경기 결과와 주가를 볼 수 있다. 그 밖에 무엇에 쓴단 말인가? 젊은이들 사이에서 문자 메시지가 인기를 끌 듯 분명히 틈새시장이 있을 것이다. 그러나 과연 엄청난 금액을 치를 만큼 충분한 가치가 있을까? 시간이 지나봐야만 알 수 있다.

인터넷과 휴대폰 사용에 대한 문화가 나라에 따라 다름으로 인터넷과 휴대폰 확산 정도도 달라진다. 스칸디나비아 국가들의 인터넷 사용 가구가 세계에서 가장 많다. 이탈리아는 세계에서 휴대폰을 가장 많이 사용한다. 스칸디나비아 사람들은 이메일을 통해서 연락하기를 좋아하고 이탈리아 사람들은 문자 메시지를 사용한다. 어째서 그럴까? 스웨덴과 핀란드 사람들은 친구나 동료와 대화하기를 좋아한다. 이탈리아의 젊은이들은 친구들과 함께 있을 때 그렇게 하기를 좋아한다. 스칸디나비아에서는 통신 기술이 직접 만남을 대신한다. 그러나 남부 유럽에서는 직접 만남을 주선하는데 사용된다. 몇 년전 순진하게도 사람들의 여행과 쇼핑몰에서의 쇼핑, 오락센터는 종말을 맞을 것이라고 예상했던 기업들의 가정도 마찬가지다.

인터넷, 디지털, 3G, 무선 통신이 소비자의 쇼핑 패턴에 영향을 줄 것은 자명하다. 그러나 나라에 따라 차이가 클 것이다. 기업들은 그 차이를 먼저 규명하고 그리고 그에 맞는 온라인 오프라인 광고, 마케팅, 판매 전략을 세워야 한다. 온라인과 무선 거래에 더 적합한 상품과 서비스가 있을 것이다. 그런데 역설적이게도 바로 이런 상품과 서비스가 사기와 보안에 있어 소비자들에게 가장 큰 불안감을 준다. 예를 들어서 대부분의 금융 거래가 온라인 거래에 적합하다. 그러나 기업의 보안과 데이터 관리에 대한 신뢰의 차이는 국가에 따라 크게 다르다. 스웨덴에서 가장 큰 소매 은행에서 고객의 94%가 온라인으로 거래한다. 온라인으로 고객들은 여러 개의 계좌를 종합해서 볼 수 있다. 이런 일은 남부 유럽에서는 발생하기 어렵다. 왜냐하면 소비자들이 금융기관을 신뢰하지 못하기 때문이다.

온라인 쇼핑이 사적인 경험과 관계된 구매 영역으로까지 확장되기는 어렵다. 소비자들은 옷을 살 때 직접 보고 만져봐야 하고 자동차를 살 때는 시동을 걸어보고 점검해야 한다. 오프라인과 온라인 쇼핑이 통합될 가능성은 있어 보인다. 상품의 가격을 온라인에서 비교하고 오프라인에서 구매한다. 반대로 오프라인에서 상품을 살펴보고 온라인에서 가장 저렴한 가격에 구매한다. 그러나 대부분의 소비자들은 인터넷에서 상품과 서비스에 대한 정보를 보고, 매장에서 구매할 것으로 보인다. 이것은 인터넷과 디지털 텔레비전, 3G 휴대폰이 판매 채널이라기보다는 마케팅 수단이 될 것임을 의미한다. 어떤 라이프스타일 집단은 새로운 쇼핑 추세에 가담하겠지만, 대부분의 소비자들에게 번화가에서 쇼핑의 종말은 아직 요원한 것이다.

여러 가지 사회적 요인들이 이러한 추세를 설명할 수 있다. 돈 많은 사람들이 나이를 먹고 조기에 퇴직하고 있다. 퇴직은 번화가에서 쇼핑할 시간을 준다. 쇼핑은 개인의 의사결정에서 중요한 몫을 차지하고 조기 퇴직으로 잃어버린 일을 대신하게 된다. 번화가에서의 쇼핑은 지역

사회에의 소속감을 준다. 이것은 연결된 지구촌에서 위치 의식을 제공한다. 이것은 PC와 기타 유무선 통신의 익명성과는 크게 대조되며 개인적이고 고립된 인터넷 사용자의 세상과는 완전히 다른 것이다. 닷컴 기업의 사업 모델은 소비자 행동에 대한 잘못된 가정에 근거했으므로 오류가 있다. 그들은 기술은 곧 고객이라는 틀린 등식에서부터 시작해서 예상 결과를 과장했다. 그리고 지금도 그 잘못된 가정을 버리지 않고 있다. 웹사이트의 방문자수가 치과 대기실에서 넘기는 잡지 광고 페이지 이상의 의미가 있는가? 그렇지 않다면 온라인 매출을 위한 웹사이트 마케팅의 효과도 없다는 의미다.

냉소적

시민

—변화하는 시민 구성

●● 민간분야 조직과 공공분야 조직은 동일한가?

　국민에 대한 책임한계가 정부조직들을 관료화한다. 유연한 벤처 기업에 비해 관료주의가 장점을 발휘할 수 있는 곳이 바로 정부조직이다. 모든 국민을 평등하고 공정하게 취급하는 과정을 보여줄 수 있도록 가시성과 투명성이 요구된다. 예를 들어 세금 징수와 사회복지금과 아동복지금 지급이 규정과 절차에 따라 실행된다는 것이 보여져야 한다. 의사결정과 의사결정권이 투명한 규정과 절차에 따라 이루어지고 행사되어야 하기에 사기업에서 볼 수 있는 개인 재량권 행사 여지는 거의 없다. 그렇지 않으면, 부패가 생기고 자원을 남용하고, 아동과 환자와 같은 약자에게 학대와 의료부정이 발생할 수 있다.

　이것은 공공 기업들이 이익을 추구하는 사기업과는 다른 패러다임에 따라 운영된다는 것을 의미한다. 공기업과 사기업이 유사한 경영 원리에 따라 운영될 수 있다는 가정은 잘못된 것이다. 이익을 추구하는 사기업에게는 고객의 필요에 맞는 상품과 서비스를 제공해 주가를 높이는 것이 가장 중요하다. 그러나 공공 조직에서는 가장 중요한 목표가 고객의 필요를 충족시키는 것이다. 공기업의 행동이 고객의 소망과는 크게 다를 경우도 많다. 예를 들어 환자는 병원에서 일찍 퇴원하기를 바라지만, 그렇게 두면 그들의 건강을 해치는 결과가 될 수 있다.

고객의 필요와 소비자의 소망 사이의 차이가 공기업과 사기업의 구조와 문화 차이의 근간이 된다. 그 결과 공기업에서는 강력한 프로페셔널리즘 문화가 있을 때에만 효과적으로 기능한다. 공기업에서 고객의 필요를 파악하는데 전문가들이 필요하고 소비자와 주주의 필요를 만족시키기 위해 상품을 시장에 내놓아야 하는 사기업에는 관리자가 필요하다.

인터넷의 사용으로 프로페셔널리즘 문화가 보다 효과적으로 개발되고 고객의 필요가 보다 효과적으로 충족될 수 있게 되었다. 많은 조직에서 관리자와 프로페셔널이나 기술 전문가 사이에 긴장이 일고 있다. 그 이유는 전자는 고객에 초점을 맞추는 반면, 후자는 운영 과정, 감시 시스템, 조직의 효율 평가에 초점을 두기 때문이다. 그 결과 관리자들이 통제권을 쥔 듯 보이고, 자율권을 중시하는 프로페셔널들은 이를 싫어한다.

최근 몇 년 간 대부분의 유럽 정부들은 프로페셔널들의 행동을 보다 가시적이고 책임 있게 만들기 위해 행정절차를 고치려고 시도했다. 목표는 올라가는 세금 때문에 국민들의 불만이 커지고 있는 상황에서 공공 서비스 비용으로 얻는 가치를 확대하고자 하는 것이었다. 더구나 고령 인구가 증가하면서 인구 시한폭탄이 정부 지출에 요구하는 비중이 증가하고 있다. 평균수명이 늘어나면서 장애와 질병을 가진 노인과 기타 사회복지 서비스가 필요한 노인들이 증가하고 있다.

같은 비용으로 더 많은 가치를 얻고자 하는 시도는 공공 분야 전문가들과 그들의 관리자 사이의 갈등을 고조시켰다. 주요 성공 요소들, 성과 지수들, 품질 보장 관행, 성과 일람표를 통한 내부와 외부 조직 벤치마킹 등 다양한 사기업의 관행들이 도입되었다.

표면적으로는 이 모든 변화들이 참으로 기특한 것이다. 그들이 낸 세금으로 왜 최고의 공공 서비스를 받지 못한단 말인가? 아무도 이에 반대하지 못한다. 그러나 사기업에서는 효과적인 관리 방법이 공기업에서는 역효과를 낼 수 있다. 효율만을 강조하면 고객의 필요가 충분히 충족되지 못하는 결과로 효과가 떨어질 수 있다. 병원에서 길게 늘어선 줄이 바로 그런 예이다.

성과 지수 적용에서 이것이 잘 드러난다. 학생들의 시험 성적으로 학교를 평가한다면 제재가 없는 경우 교사들은 성적이 낮을 것 같은 학생들은 시험에서 제외시킬 것이다. 시민들의 질문에 대한 응답 속도로 지방 관청을 평가한다면, 그들은 고객 콜센터를 세울 것이다. 그러면 시민들이 신속하게 응답을 받겠지만 과거와 마찬가지로 해당 전문가의 도움을 받으려면 여전히 기다려야 할 것이다. 병원과 경찰서, 사회 복지기관도 마찬가지다. 성과 지수는 그 존재만으로도 효율을 높일 수 있다. 그러나 동시에 효과를 감소시킬 수 있다.

이렇게 부과된 기준이 전문가의 자율권을 침해할 수 있다는 것이 더 중요한 문제다. 전문가들은 성과 지표에서 사용된 기준의 타당성에 이의를 제기할 수 있다. 전문가들과의 협의와 합의 과정 없이 이렇게 기준을 결정하면 공공 서비스의 질은 오히려 떨어질 수 있다.

다시 말해서 관리 원칙은 공공 조직 전문가들의 성과 제고에는 효과가 없다. 이를 적용하려는 시도는 전문가 종업원들이 고용주와의 심리적 계약을 다시 협상하게 만들 뿐이다. 그 결과 충성심에서 보다 편의적 방식으로 이동한다. 기회가 있을 때마다 관리자에게 돌아가 부과된 성과 척도를 타도하려고 한다. 그들은 요구되는 업무를 수행하지만 학생과 환자, 아동, 수감자 등 고객에게 이익이 될 수 있는 공공 서비스 개선 아이디어가 있어도 이를 공개하지 않는다. 다시 말해서 자신의 프로페셔널리즘을 희석하고 월급쟁이로서의 역할만 한다. 이것은 다시 관리 통제가 더 조여지게 만들고 그래서 악순환이 계속된다.

요점은 공공 서비스의 효율과 효과는 같지 않다는 것이다. 거짓 성과로 언제든지 효율을 높일 수 있다. 그러나 이 효율이 떨어지는 서비스 효과를 감출 수 있고, 더 많은 경제사회적 비용이 들게 만든다. 학생들의 시험 성적을 보여주는 학교 성적 일람표에서 전반적으로 시험 결과가 향상될 수 있다. 이것을 근거로 국가의 전반적 교육 수준이 향상되었다고 말할 수 있다. 그러나 이것이 평가 기준을 낮춘 결과라면 장기적으로 미래의 하층민만 양산될 뿐이다. 미국과 영국에서 발생하고 있는 사회적 · 경제적 소외계층은 장기적으로 범죄율을 증가시켜 경제적 비용을 야기할 것이다.

결론적으로 말하자면 공공 조직과 민간 조직은 같지 않다. 목표도 다르고 방법과 패러다임도 다르며 서로 다른 요소들로 구성된다. 공공 조직에서는 시민에 대한 책임한계가 필요하고 전문가의 자율권을 보호해야 할 필요가 있다. 효율과 효과도 같지 않다. 이익을 추구하는 민간 기업에서는 효율이 중요하지만 공공 조직에서는 효과가 중요하다. 이에 따라 민간 조직과 공공 조직의 문화와 운영 원칙이 정해진다. 이 두 가지를 혼동하면 불만만 커지고 서비스의 질은 떨어진다. 다른 유럽 국가에 비해 영국에서 효율과 효과가 자주 혼동된다. 그러나 프랑스에서는 거의 찾아볼 수 없다. 어쩌면 그래서 프랑스의 공공 서비스가 국제적 명성을 얻는 것이리라.

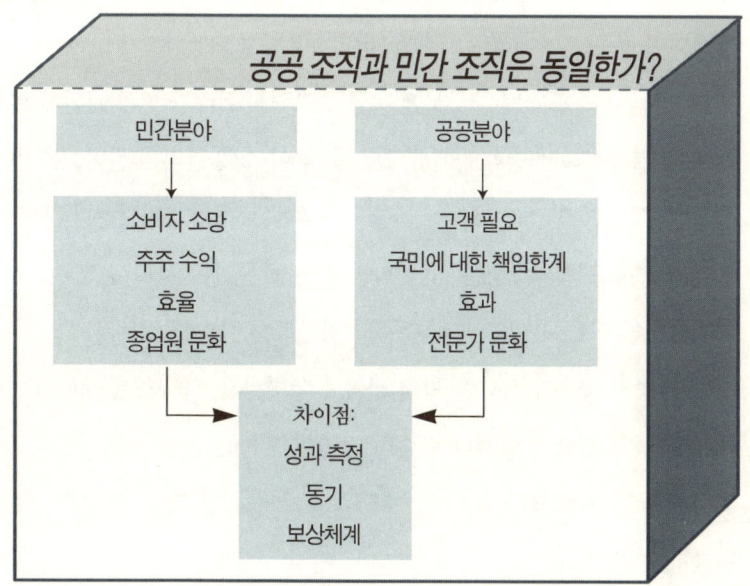

●● 공공분야 조직은 정말로 비효율적인가?

많은 나라에서 공공 분야가 민간 분야 기업들에 비해 뒤떨어진다는 인식이 있다. 정부 기관에는 민간 기업의 경영 기술이 없는 것으로 여겨진다. 정부 기관들은 생산성과 효율이 떨어져 개선해야 한다고 생각된다. 다시 말해서 시민들이 세금은 내지만 그에 걸맞는 가치를 돌려받지 못한다는 말을 한다.

많은 정부들은 민간 기업의 경영 기법을 정부와 기타 공공 기관에 도입하는 목적을 설명하면서 그런 말을 한다. 이것이 바로 공공 서비스의 규제를 철폐하고 민영화하는 정치적 이유이다. 동시에 여러 가지 공공 서비스 기능을 민간 기업에 아웃소싱하는 이유이기도 하다. 그 결과, 지난 이십 년 동안 많은 정부들의 공공 서비스가 민영화되었고 규제가 철폐되어 공공 분야에서도 시장의 힘이 작용하게 되었다.

이러한 변화에서 많은 부분에서 공공 조직의 관리가 민간 기업에 비해 훨씬 복잡하다는 점을 간과했다. 예를 들어 소매 관리의 원칙들은 병원 같은 복잡한 인간과 기술의 복합 시스템에는 적용되지 않는다. 시장 원리의 고등교육 시스템은 각 대학들이 학생 유치에 서로 경쟁하면서 비효율적인 비용 지출과 교육 수준의 저하라는 결과를 낳는다. 그것은 선발 과정의 중복과 복잡한 지원 절차를 의미하고, 대학들은 교수들에게 학생들의 필요가 아니라 단순히 그들이 원하는 것을 만족시키라고 요구하게 만든다. 영국과 미국의 MBA 코스가 이를 가장 잘 보여주는 사례다.

이러한 변화는 공공 기업들이 민간 기업보다 더 혁신적인 경우가 많다는 사실을 간과한다. 많은 기술 연구와 과학 연구가 장기 프로젝트를 위해서 민간-공공 파트너십으로 가는 이유가 바로 이 때문이다. 예를 들어서 유럽의 의약산업에서 정부의 보건 시스템이 임상 실험의 토대를 제공한다. 부분적으로 승인된 의약품의 보장된 구매자로서 정부의 보건 시스템이 직접 또는 간접으로 기업의 R&D 비용의 상당 부분을 보조한다. 마찬가지로 엔지니어링 분야에서도 기술과 통신 R&D가 공공-민간 파트너십에 상당히 의존한다. 정부 기금이 개발비를 보조하는데, 이는 주주들의 눈치를 봐야하는 민간 기업은 절대 할 수 없는 일이다.

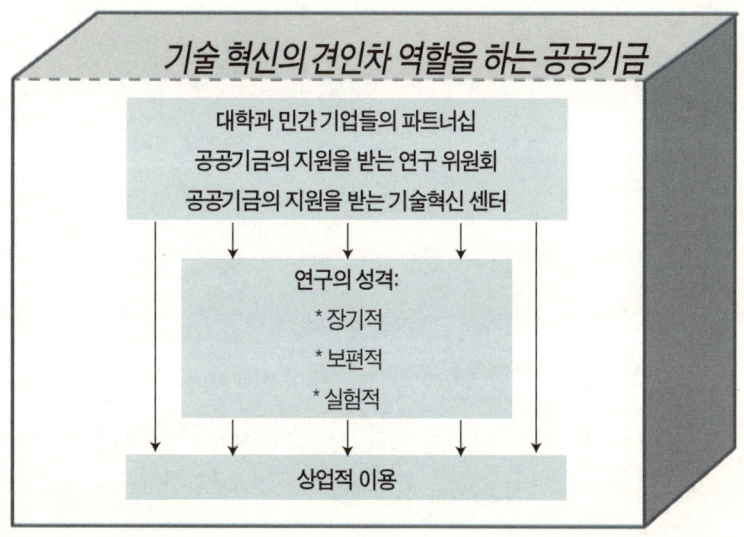

기술 혁신의 견인차 역할을 하는 공공기금

대학과 민간 기업들의 파트너십
공공기금의 지원을 받는 연구 위원회
공공기금의 지원을 받는 기술혁신 센터

연구의 성격:
* 장기적
* 보편적
* 실험적

상업적 이용

그와 같은 공공-민간 협력은 대학의 연구소를 지원하는 형태도 있지만 정부기금을 받는 연구소를 운영하는 것이 보다 일반적이다. 이러한 연구소를 통해서 정부들은 과학 기술 연구의 방향을 산업계의 필요에 맞는 방향으로 유도할 수 있다. 즉 연구 개발 결과가 궁극적으로는 상업적으로 이용 가능한, 수익성 있는 상품과 서비스로 이어지도록 한다. 공공기금의 지원을 받는 연구소는 창업의 토대가 되기도 한다. 요즘 대학들은 창업의 중심지로 부상하고 있다. 이것은 공공-민간 협력을 도모해 정부기금 연구소 과학자들이 자신의 지식을 수익성 있는 벤처로 전환할 수 있게 해준다. 실리콘 밸리를 뒤이어 유럽의 여러 나라에서 이와 같은 추세가 두드러지고 있다. 지식 기반 산업의 위치를 결정하는데 있어 21세기의 대학들은 19, 20세기의 석탄 광산 집중지역과 비슷한 경제적 중심지 역할을 한다.

지식 기반 산업의 장기적 기술 혁신은 오로지 공공 투자를 통해서만 유지될 수 있다. 자체로 권한을 갖고 있는 사업 단위의 성과를 단기적으로 평가하는 기업의 구조 개편으로 이러한 추세는 더욱 강화되고 있다. 3G 휴대전화의 개발이 이를 잘 보여준다. 세계 최강의 통신기기 제조회사들이 복잡하고 혁신적인 제품을 단기간 내에 개발 보급하려고 애썼다. 이 때문에 기업 가치가 부풀려졌고, 통신 서비스 제공사들의 기대는 과장되었다. 3G 제조회사들이 정해진 시간에 제품을 제공하지 못하자 당연히 이 사업에 대한 신뢰는 무너졌다. 반면에 공공기금의 지원을 받는 기구는 보다 합리적이고 장기적인 개발 기간을 채택할 수 있다. 그들은 단기간에 성과를 내라는 금융기관의 과도한 압력 없이 시험과 실험을 할 수 있다. 유럽과 미국의 텔레비전 방송국의 소유와 구조는 기술 혁신 방식에서 민간 분야와 공공 분야의 차이점을 극명하게 보여준다.

미국의 텔레비전 방송국들은 민영이다. 시장 원리의 미국 텔레비전 방송 분야는 엄청난 수의 소형 프로덕션 회사들과 설비 회사들을 만들고 성장시켰다. 그러나 이 시스템은 프로그램의 창의성과 혁신성에는 아무 기여를 하지 못했다. 사실, 오히려 그 반대다. 시장 중심의 미국 텔레비전 방송국들은 오로지 소비자가 원하는 것을 제공하는데 급급하다. 프로그램 제작자에 위탁하는 프로그램 내용은 오로지 시청률에 따라 정해진다. 그 결과 충분히 여러 번 시험을 거친 프로그램 내용과 포맷에서 벗어나기를 꺼리는 극히 보수적인 산업이 되었다.

반면에 유럽에서는 방송국이 라이센스 피(licence fee)를 통한 부분 또는 완전 공공 기업이다. 그래서 방송국들은 미국보다는 폭넓은 프로그램 위탁 기준을 갖는다. 시청자들이 원하는 오락 프로뿐 아니라 시청자들이 필요로 하는 정보와 교육 프로그램도 제공할 수 있다. 다시 말해서, 유럽 방송국들은 프로그램 소비자로서 시청자들이 원하는 것을 제공하는데 그치지 않고 시청자들의 지식을 개발하는데 중요한 역할을 한다. 시청률은 프로그램 위탁의 기준이다. 시청률은 공공 기업인 방송국이 다양한 소수의 필요에 부응하기 위해 보다 광범위한 프로그램을 실험하고, 창조하고, 제공할 수 있게 해준다.

공공기금으로 운영되는 교육, 예술, 보건, 복지 시스템들도 보다 다양한 실험과 상품 기술 혁신을 가능하게 한다. 시장은 소비자의 단기 소망을 충족시키는 유통 과정으로서 강력한 힘을 가진다. 그러나 사람들은 시민이기도 하다. 이것은 국가 경제에 충분한 기금을 가진 공공 분야가 있어야 함을 의미한다. 어쩌면 이것이 유럽의 국가 경제에 시민개념이 깊이 박혀있는 이유일 것이다. 반대로 미국에서는 시장과 소비주의가 지배해 훨씬 더 보수적이고 리스크에 반대하는 사회 구조를 만들고 있다. 캘리포니아의 하이테크 벤처들은 미국 중산층의 숨 막힐듯한 순종주의를 대표하지는 못한다.

🔵🔵 인터넷 시대의 인터넷 정부

소프트웨어 회사들의 마케팅 전략은 주로 민간 기업의 필요에 집중된다. 그래서 공공 조직의 증가하는 수요를 간과한다. 세계 대부분의 국가에서 정부의 행정 시스템은 구시대의 유물이다. 그들은 과거 산업 시대 국민들의 필요를 반영한 시스템이다. 이뿐이 아니라 행정 시스템의 설계도 변화하는 국민의 필요에 의한 것이 아니라 정치 과정의 결과이다. 그 결과 정부의 행정 과정과 서비스 제공은 중복이 많고 낡아빠졌다. 이것은 공공 분야 조직에 기술혁신이 없다는 말이 아니다. 교육과 보건, 의료 분야에서 첨단을 보이는 사례가 많다. 그러나 개선의 여지가 많은 곳은 현재의 구조이다. 서비스 제공에는 매우 효과적인지 모르지만 효율적이지는 못하다. 인터넷은 그들을 효과적이면서 효율적으로 만들 수 있다.

정보 시대에 국민들은 '인터넷 정부'를 필요로 한다. 기본적으로 인터넷 정부 기관들의 업무는 정보를 수집하고 처리하고 분석하는 일이다. 이를 기초로 국민의 필요를 충족시켜줄 국민 정보 시스템이 구축된다. 국민의 필요를 계획하고 예상하고 서비스 제공 시스템을 구축하는 형태를 이룬다. 정부 행정 과정이 온라인과 무선으로 가장 먼저 전환되어야 할 이유가 바로 여기에 있다. 그와 같은 전략이 실천되면 기존의 전통적 정부 구조는 폐지될 것이다. 중앙 정부 부처 간의 경계와 국가 정부와 지방 정부 간의 구시대적 구분은 사라질 것이다. 오늘날, 이러한 변화의 필요로 '통합' 정부와 '개방' 정부가 요구되고 있다. 정보 시스템이 이러한 요구를 충족시켜줄 수 있을 것이다. 국민 데이터베이스는 각 개인의 교육과 보건, 복지 필요를 위해 평생 추적을 가능하게 한다.

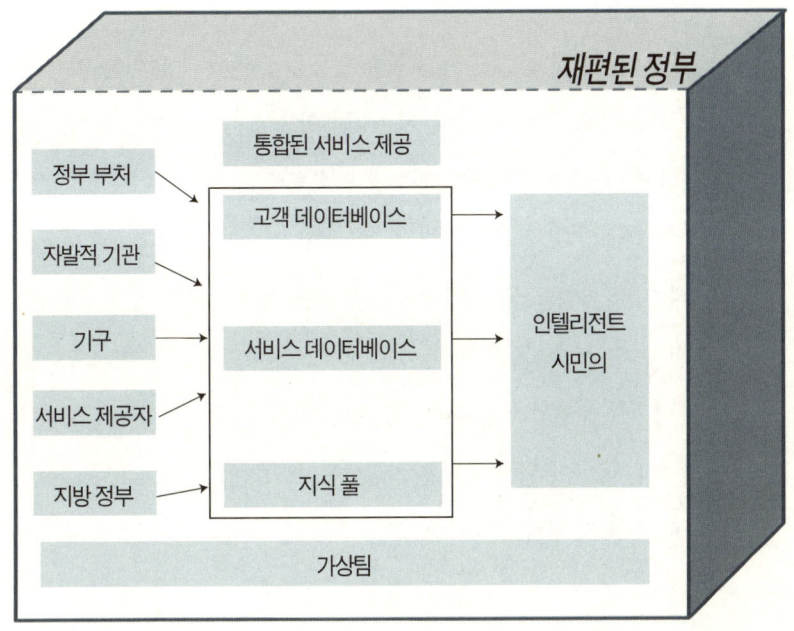

이 통합 방식에 반대하는 사람들은 데이터베이스 통합이 '빅 브라더' 정부 기관을 출현시킬 것이라 주장한다. 그와 같은 데이터에 권한을 가진 국민만이 접근 할 수 있고 공공 책임으로 데이터를 보호하는 시스템만 있다면 그런 일은 없을 것이다.

더 이상 중앙정부기관과 지방정부기관을 구분한 필요가 없어진다. 대신에 서비스 제공이 통합되어, 일부는 전국적으로 선출된 대표가 감시 감독하고, 일부는 지역과 지방 차원에서 선출된 대표가 감시 감독할 것이다. 이미 많은 나라에서 이 같은 일이 발생하고 있다. 국민의 교육, 보건, 안보 필요를 충족시키기 위해 전초적인 지방정부의 역할 없이 중앙 정부가 지방의 서비스 제공사에게 직접 기금을 제공한다. 영국에서는 각 학교들에게 중앙 정부가 직접 기금을 제공하고 경찰과 의료기관도 마찬가지다.

지방 정부마다 동일한 백 오피스 활동을 할 필요가 없다는 것이 매우 중요하다. 오늘날 지방 정부에는 자체의 회계, 관리, 행정 백 오피스가 있다. 인터넷을 사용하면 이들 중 많은 것들을 공유할 수 있고 해외로 보낼 수도 있다. 많은 금융회사들이 하고 있듯이, 데이터 프로세싱을 인도나 기타 저임금 국가로 보내는 것이다. 지방 정부의 콜센터까지도 공유할 수 있다. 국민들은 어디서 백 오피스 서비스가 오는지 개의치 않는다. 국민들은 일자리 창출이 지방 정부의 가장 큰 사명이라고 생각하지 않는다. 국민이 원하는 것은 저렴하고 효과적인 서비스다. 물론, 교육과 보건, 복지 서비스는 지방 차원에서 직접 제공되어야 한다. 그러나 인터넷과 소프트웨어 기술은 이러한 서비스를 보다 효과적이고 보다 효율적으로 제공하기 위해서 자원을 오픈할 수 있다. 이것은 전문가와 고객 간의 거리를 좁혀준다. 전문가들은 직장 밖에서도 랩탑과 휴대용 기기를 이용해서 고객 데이터에 더 쉽게 접근할 수 있기 때문이다.

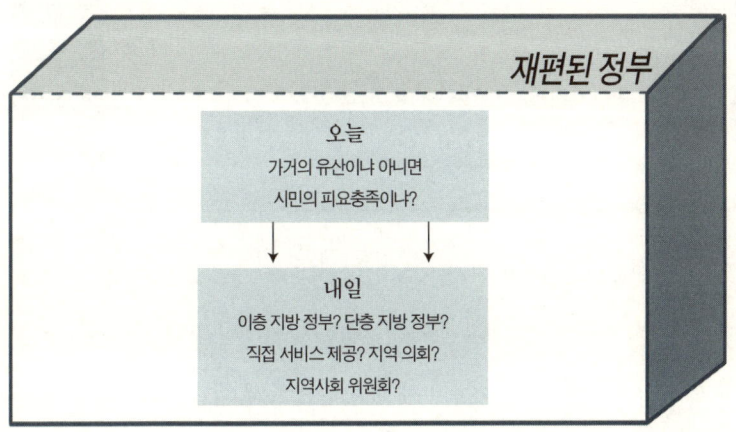

정보 기술은 국제 사기와 테러, 불법 약품 거래와의 싸움에서 정부 부처간 협력을 도모한다. 무역 블록과 트랜스내셔널 기업, 글로벌 서플라이 체인의 출현으로 각국 정부는 보다 효과적으로 대처해야 한다. 이것은 오로지 협력 강화, 국제 감시 기구 창설, 인터넷을 통한 정보 공유를 통해서만이 가능하다. 이것은 각국 정부에게 많은 숙제를 안겨준다. 글로벌, 지역, 국가, 지방 정부 등 모든 차원의 정부들에 대표 민주주의 체제가 정착되도록 새로운 책임을 묻는 방식을 개발해야 한다.

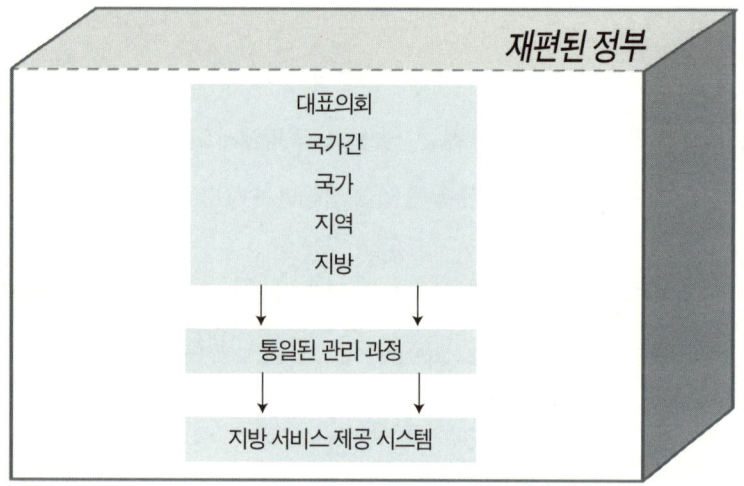

대부분의 국가에서 가상 정부로의 이동이 상당히 느린 듯 보인다. 가장 두각을 나타내는 곳은 스칸디나비아 국가들이다. 스웨덴과 핀란드의 인터넷 보급률이 매우 높기 때문이다. 소득세 환급, 연금 지급, 심지어는 의료 진찰 서비스도 온라인으로 제공될 수 있다. 점점 더 많은 서비스들이 온라인으로 가고 있으며 보다 효과적인 서비스 제공을 위해 자원이 오픈될 수 있다. 가상 정부로 가는 뚜렷한 추세 속에서 온라인과 오프라인 서비스는 서로를 지원한다.

❖❖ 온라인 · 오프라인 교육과 대학

인터넷의 발달은 정보 시대에 교육을 어떻게 제공할 것인가 그 방식을 완전히 다시 생각하게 한다. 공식 교육이 더 이상 아동과 청소년에게만 집중될 필요가 없다. 동시에 인터넷은 교육이 특정 지역에 집중되어야 할 필요도 제거한다. 그러나 이것은 교육의 종말이나 대학의 종말을 의미하진 않는다. 단지 미래의 학교와 대학의 역할, 교사와 교수의 역할은 지금과는 크게 달라질 것임을 의미한다.

과거에는 학생들이 대학에 지식이 있었으므로 대학에 갔다. 교수의 역할은 직접 강의를 통해서 학생들의 흥미를 자극해서 학생들이 독서를 통해 학문 원리를 터득하게 하는 것이었다. 그것은 기본적으로 노동집약적인 지식 다운로드 과정이다. 인터넷은 이와 같은 전통적 방식의 필요를 제거한다. 50분 간의 강의를 통해서 정보를 학생들에게 다운로드할 필요는 이제 없다. 학생들이 핸드아웃을 받기 위해 강의에 출석할 필요조차도 없어졌다. 교수의 핸드아웃은 대학 인트라넷이나 인터넷을 통해 학생의 컴퓨터로 다운로드될 수 있다. 표면적으로는 마치 대학들이 교육기관으로써 전통적인 목적을 상실한 듯하다.

그러나 절대 그렇지 않다. 강의실 대신에 이제 대학들은 세미나 룸과 실험실, 기술 자원 센터가 필요하다. 학생들의 정보 접근이 당연한 요즘 대학 강사의 역할은 학생들의 개인적 발전을 돕는 지원자 역할이다. 그것은 대학의 전통적 역할로의 회귀를 의미한다. 옥스퍼드와 캠브리지 대학의 전통적 역할은 학자들에게 수도원(대학) 환경을 제공해서 과학적 발견과 철학 아이디어를 공유할 수 있게 해주는 것이었다. 그것은 고등교육을 받은 엘리트들에게만 해당되는 경험이었다. 인터넷 혁명은 이러한 경험을 모든 사람이 즐길 수 있는 기회를 제공한다. 인터넷을 통해 정보를 다운 받아 미래의 전문가나 관리자, 기술 전문가가 되는데 필요한 대학에서의 공부를 더욱 효과적으로 할 수 있는 기회를 받는다. 과학 실험과 기술 실험에 대한 소그룹 프로젝트들은 지식 경제에서 성공하는데 필요한 기술을 배우게 해준다. 대학들은 1960년대 이래로 고등교육의 확대로 안게 된 지식 공장 역할에서 개인의 창의력 개발을 돕는 전통적인 역할로 돌아간다.

대학이 이런 방향으로 변화한다면 대부분의 학생들이 3년간 연속적으로 대학에 다니는 형태는 사라질 것 같다. 소수의 학생들은 그렇게 하겠지만, 대다수의 학생들에게 대학교육은 파트타임으로 이루어질 것이다. 사람들의 직장과 라이프스타일이 변하면서 개인적 발전에 필요한 요소들도 변할 것이다. 파트타임으로 가까운 대학에 다니거나 단기 코스가 주된 교육 형태가 될 것이다. 온라인과 오프라인 교육이 상호보완적으로 통합되어 온라인에서 배운 지식을 실험실과 세미나 룸에서 적용하게 될 것이다.

고등교육 제공자로서 대학의 독점은 끝났다. 텔레비전 프로그램이 예술과 사회과학에 대한 깊이 있는 정보를 전통적 대학교육보다 더 흥미롭고 재미있는 방식으로 전달하는 경우가 많다. 과거에는 대학들이 학생 유치를 위해 서로 경쟁하는 일이 없었다. 지금은 고등교육 제공이 국제 사업이다. 이런 환경에서 단지 학습 경험을 제공하는 것이 더 이상 경쟁력있는 자산이 되지 못한다. 학습 경험은 당연한 것이다. 이제 대학들은 사교, 레크리에이션, 기술 시설을 가지고, 그리고 세계적 브랜드 명성을 가지고 경쟁한다. 출신 대학의 브랜드가 미래 취업 기회에 영향을 미치므로 학생들에게는 대학의 브랜드가 점차 중요해지고 있다. 단순히 대학을 다닌 것으로는 충분치 않다. 이제 어떤 대학을 다녔느냐가 중요하다. 그러므로 대학 브랜드는 지원자의 채용 가능성에 영향을 준다.

학교 교육의 역할도 마찬가지로 인터넷과 PC, 랩탑의 사용으로 변화될 수 있다. 교실에서 PC의 사용이 증가하면서 교사의 수업보다 더 재미있고 흥미로운 방식으로 정보를 다운 받을 수 있다. 교사의 역할은 학생 그룹과 함께 정보를 해석하고 분석하는 것이 되었다. 각 아동의 필요에 따라 개인의 학습 목표가 정해질 수 있다. 이것은 가정에서 학습을 가능하게 해주는 원격교육의 도움을 받을 수 있다. 숙제는 더 재미있고 즐거운 것이 된다.

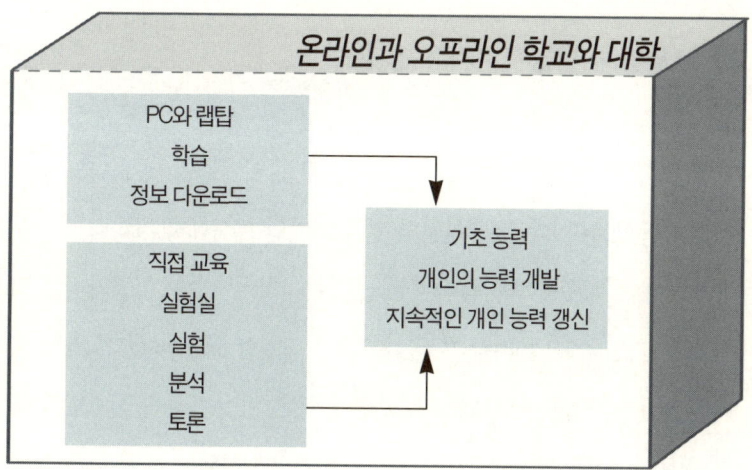

학교와 대학들은 보다 넓은 사회적 맥락에서 운영된다. 학교와 대학들은 불평등을 반영하기도 하고 만들기도 한다. 스칸디나비아 국가에서 학교와 대학은 사회적 통합을 유지하는 수단이다. 이들 평등주의 국가들은 팽창하는 정보 경제에 참여하는데 필요한 능력을 많은 젊은이들이 배울 수 있는 포괄적 교육 시스템을 갖고 있다. 반대로 영국과 미국은 불평등을 확대하는 교육 시스템을 갖고 있다. 그 결과로 저임금의 불안정한 노동시장에 참여할 수밖에 없는 사회적 소외계층이 탄생했고 그들의 빈곤은 세대간 대물림된다. 교육 시스템에서 인터넷 사용이 증가하면서 교사들은 개별 아동의 가능성을 개발하는데 더 많은 시간을 투입할 수 있고, 이를 통해서 인터넷은 보다 넓은 맥락에서 사회적 소외를 줄일 수 있는 중요한 수단이 될 수 있다.

경제활동 집중지역과 지방 정부

인터넷으로 연결된 세계에서 이론상으로는 기업들이 세계 어느 곳에서도 활동할 수 있다. 통신기술의 발달로 기업 본사에서 지리적 거리와 관계없이 세계 곳곳의 서플라이 체인을 관리할 수 있다. 마찬가지로 지식 기반 기업들도 물리적 자원 가까이에 위치할 필요가 없다. 가장 중요한 것은 인적 자원과 시장에의 접근성이다. 이것은 운송 시스템과 특정 원료에 따라 공장의 위치가 결정되는 제조회사와는 크게 다른 점이다. 지식 기반 기업들은 이동성이 매우 크다. 인터넷으로 그들은 전 세계에 분포한 인적 자본을 이용할 수 있다. 인도와 호주, 코스타리카, 시베리아의 소프트웨어 하청회사들을 이용하는 것이 그 사례다. 그런데도 기업들은 특정 지역에 집중된다. 그 지역에서 이 기업들은 지역 시설에 대한 수요를 결정하고 그리하여 그 지역 정부의 역할도 결정한다. 어째서 그럴까?

물론 경제 활동이 특정 지역에 집중되는 현상은 새로운 것이 아니다. 이것은 산업화 시대부터 있던 현상이다. 영국의 미드랜즈(Midlands), 독일의 루르 밸리(Ruhr Valley), 이탈리아 중부의 공업중심지가 그 예들이다. 그러나 그들의 활동을 분산시킬 수 있는 정보통신 기술에도 불구하고 지식 기반 산업도 특정 지역으로 집중한다. 세계적 금융 기업들은 뉴욕과 런던, 도쿄, 프랑크푸르트로 집중되고, 영화와 오락 산업은 로스앤젤레스로, 소프트웨어와 하이테크 산업은 캘리포니아, 실리콘 밸리와 영국 템즈 밸리(Thames Valley)로 몰린다.

이러한 집중 현상은 무언의 지식과 거래에서 직접 만나는 관계가 중요함을 보여준다. 비록 온라인 통신이 중심적인 역할을 하지만 인간적 요소를 대신하지는 못한다. 사람들과의 만남이 창의력과 기술 혁신, 따라서 경쟁력 우위에도 매우 중요하다. 기업의 전략은 토의와 논쟁 없이 그저 기계적 모델링을 통해 시장 추세를 분석하는 것으로 만들어지지 않는다. 기업의 정책은 변화하는 시장의 불확실성에 맞게 유연해야 하고, 그러려면 대화와 토론이 필요하다. 화상 회의와 이메일은 직접 만남의 차선책이지 이를 완전히 대체하지는 못한다.

이것은 기업들이 '중심지'에 위치해야 할 필요성을 강조한다. 이러한 기업 중심지는 자체로 성장력을 갖고 있다. 그래서 그 지역의 인프라에 대한 수요를 만든다. 특정 산업에 종사하는 사람들은 특정 라이프스타일을 필요로 한다. 미디어 산업은 금융 산업과는 그 문화가 크게 다르다. 소프트웨어 엔지니어들과 기술 전문가들의 라이프스타일은 오락 산업 종사자들과는 다르다. 그 결과 이들 산업이 집중된 지역의 편의시설과 인프라가 서로 다르다. 지식 기반 기업과 제조 기업들을 구분하는 차이는 자원의 근접성보다는 선호하는 라이프스타일이다. 지식 기반 기업 종업원들은 도시 지역, 특히 대도시 중심가를 좋아하는데, 음식점과 극장, 카페, 다양한 여가 문화 활동 시설이 있기 때문이다. 이런 지역은 개인 네트워크와 일을 위한 네트워크를 만들 수 있게 해준다. 기업들이 높은 세를 내고 도심에 위치하려고 하는 것도 이런 이유 때문이다.

각 지역의 정부들은 산업 중심지의 필요를 충족시켜주는 역할을 해야 한다. 이것은 특정 경제 집중지에 필요한 기술을 제공하는 적절한 교육 시설을 제공해야 함을 의미하며 벤처 창업을 권장하여 지속적으로 기업이 재창출되는 정책을 필요로 한다. 동시에 교통 인프라에 대한 충분한 투자를 통해 교통 흐름이 효과적으로 관리되어야 한다. 지식 근로자들의 라이프스타일에 맞는 다양한 문화, 사교, 오락 시설을 제공해야 한다.

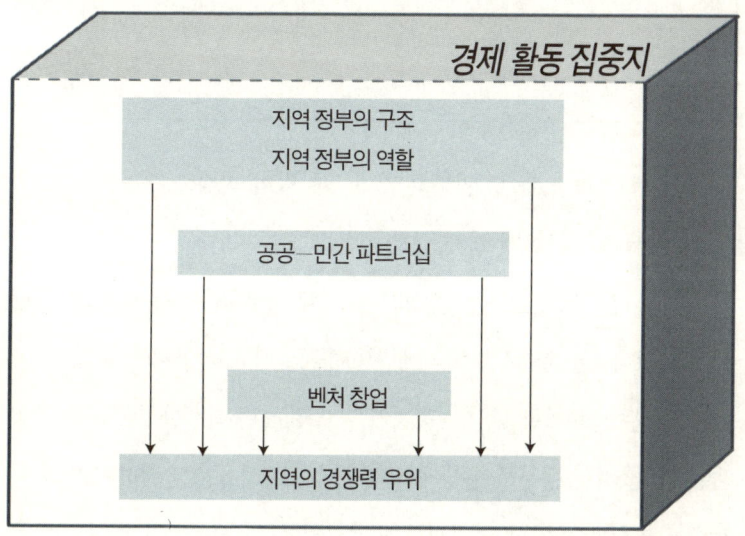

기업 '집중지역' 으로서의 지방

- 삶의 질
- 인프라
- 무언의 지식
- 사교 모임과 장소
- 브랜드

이것은 각 지역 정부의 책임이 더 커짐을 의미한다. 지식 산업은 청소부, 경비, 보수 유지 관리자, 웨이터, 점원, 버스 기사와 기차 기관사 같은 서비스 종사자들을 필요로 한다. 이들은 저임금 일자리이긴 하지만 이들이 없이는 산업 집중지도 버틸 수 없다. 지역 정부는 임시직 일을 하는 젊은 독신 가구에서부터 이민자, 정규직에 있는 가장 등 다양한 집단의 사람들의 주택 필요도 충족시켜야 한다.

경제 활동 집중지

지역 정부의 구조
지역 정부의 역할

공공―민간 파트너십

벤처 창업

지역의 경쟁력 우위

지역 정부들은 산업 중심지를 유치하고 유지하려면 세계와 경쟁해야 함을 깨달아야 한다. 기업들은 어느 지역이나 선택할 수 있다. 각 지역의 경쟁력 우위를 보여주는 것은 그 지역 정부의 역할이다. 지역의 브랜딩이 아주 중요해진다.

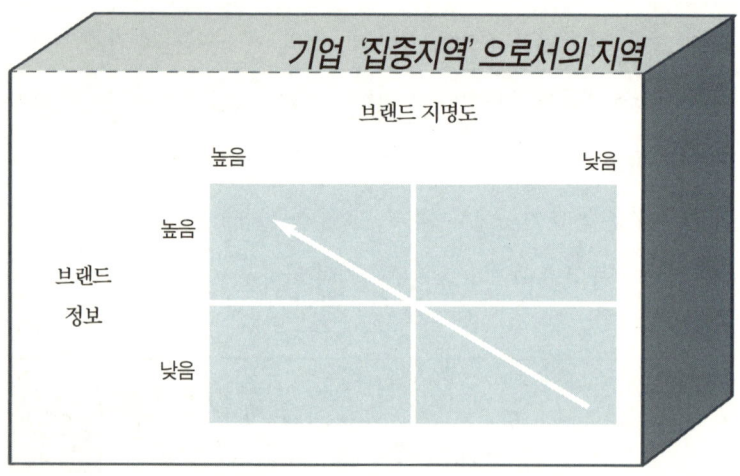

기업 '집중지역' 으로서의 지역

브랜드 지명도

높음　　　　　　　　　　　　낮음

브랜드
정보

높음

낮음

　　이러한 역할을 할 수 있도록 지역 정부들이 적절한 구조를 갖고 있는가? 21세기의 글로벌 경제 질서에서 그들은 기업과 종업원과 시민들의 필요를 얼마나 만족시킬 수 있나? 지역 정부들은 상충하는 요구 때문에 괴롭다. 한편으로는 지역에 기반을 둔 대표 기구여야 한다. 다른 한편으로는 글로벌한 산업 집중지가 필요로 하는 적절한 인프라를 제공해야 한다. 지역 정부들이 세계적 경쟁에서 기업들을 유치하기 위해 어떻게 차별화해야 하고 편의시설과 양질의 삶을 제공하기 위한 전략을 세워야 할까? 바로 이 부분에서 민간-공공 컨소시움과 파트너십이 그 역할을 할 수 있지만, 보다 장기적인 지역 계획 전략이 있어야 그 효과를 발휘할 수 있을 것이다.

🔘 요구하는 시민과 지역성의 대두

소비자로서 지식 근로자들은 높은 기대를 갖고 있다. 그들은 돈을 지불하면 반드시 가치를 기대한다. 양질의 상품과 서비스 제공을 당연한 것으로 여긴다. 이러한 그들의 태도는 정부에 대한 기대에도 마찬가지다. 그들은 정부 기관을 수퍼마켓으로 여긴다. 그들은 자신이 필요로 할 때 시간에 맞추어 정부 서비스가 제공되기를 기대한다. 시민으로서 자신을 소비자로 간주하지만, 이 경우에는 서비스의 대가를 국세나 지방세로 지불하는 것이다. 그들은 세금 징수 과정과 세금 징수 목적이 투명할 것을 기대한다. 그리고 보건, 복지, 법, 교통, 교육과 같이 직접 그들에게 영향을 미치는 분야에 대해서는 서비스가 더 효과적으로 더 효율적으로 제공되기를 요구한다. 이러한 서비스 제공에 대한 관심은 삶의 단계가 달라지면서, 즉 혼자 살다가, 아이들을 돌보고, 노령의 부모를 돌보고, 퇴직하는 등의 단계를 거치면서 그 단계에 따라 달라진다.

이 시민들은 이 서비스들이 제공되는 방식에 대해서는 거의 관심이 없다. 민간 기업에의 아웃소싱이든 정부 기관들의 컨소시움이든 백오피스가 다른 나라에 있든 관계치 않는다. 중요한 것은 개인의 변화하는 필요를 즉각적으로 충족시키는 서비스의 질이다. 그 결과 국가 차원과 지방 차원에서 정치적 이념은 종말을 맞았다. 이것은 지역 정치가 점차 더 부적절하게 보임을 의미한다. 정치 정당들이 할 수 있는 일이란 보다 효과적으로 지역 서비스를 제공하기 위해서 서로 경쟁하는 것뿐이다. 그러나 정치 혐오에도 불구하고 지역에의 소속감과 지역애는 더 중요해지고 있다. 지식 근로자들의 일은 경제 세계화에 의해 결정될지 모르지만 그들이 사는 곳에 더 큰 중요성을 부여하고 있다. 자기주장이 강한 시민으로서 그들은 자신과 다른 사람들을 위해 양질의 삶을 기대한다. 글로벌 경제에서 이 양질의 삶을 제공하는 책임은 그 지역 정부에게 돌아간다.

과거의 시민들은 생애 대부분의 시간을 특정 지역사회에서 보냈다. 그들은 지역의 회사에서 일하면서 기술을 배웠다. 그들의 일은 주로 회사에 따라 구분되었고, 다루는 기계와 주요 업무가 정해져 있었다. 따라서 회사를 옮기거나 사는 곳을 옮기기는 어려웠다. 지식 근로자들은 그 이동성이 매우 크다. 그들은 이 동네에서 저 동네로, 시골에서 지방 도시로, 지방 도시에서 대도시로 이동한다. 이것은 고용 기회와 편의시설에서 지역 간 불균형을 초래한다.

도시 지역은 많은 뜨내기 인구로 구성된다. 불안정하고 취약한 일을 하는 사람들이 많다. 기업의 매각과 불경기가 각 개인의 고용 상태를 급격히 변화시킬 수 있다. 사람들은 자급자족을 위한 전략을 세운다. 그러나 동시에 지역 사회의 도움을 원한다. 이 때 도움을 받는다면 개인의 소속감이 생긴다. 과거에는 지역사회가 단지 일자리를 제공하는 곳이었다면 이제는 심리적 이웃으로 작용한다. '내가 사는 곳'이 '내가 누구인지'를 형성하는데 기여한다.

이런 면에서 지역 미디어의 역할은 중요하다. 왜냐하면 지역 미디어가 지역 브랜딩에 기여하기 때문이다. 지역의 라디오 방송국과 더 중요한 것으로 지역 신문이 그 지역에 아이덴티티를 제공한다. 뉴스와 광고, 사설은 지역 사회의 연대의식과 브랜드를 만들고 이것이 시민들의 지역 소속감을 형성한다. 어떤 지역은 우수한 교육 서비스 때문에 살기 좋은 곳으로 알려진다. 또 어떤 지역은 쇼핑 시설과 오락 시설로 유명하다. 조용하고 안락한 분위기로 살기 좋은 곳으로 알려지는 지역도 있다. 그 지역의 이미지가 만들어지고 유지된다. 그 이미지가 공통의 관심사와 라이프스타일을 가진 사람들을 끌어들인다.

지역은 각 개인들이 라이프스타일을 형성하고 친구들을 만나고 직장에서와는 완전히 다른 능력을 개발하게 해준다. 지역은 해고의 위협과 기타 직장에서의 불안감에 영향을 받지 않는 '대안' 아이덴티티를 만들게 해준다. 여러 가지 지역의 라이프스타일에 참여함으로써 사람들은 탐욕스러운 회사의 요구에서 오는 스트레스를 견딜 수 있는 심리적 완충지대를 만들 수 있다. 회사에서 매출 목표를 달성하지 못한 실패감을 동네 축구 클럽의 스타 플레이어가 되거나 아마추어 연극 동호회에서 주연을 맡음으로서 보상받을 수 있다. 지역사회에서의 활동은 일과 관계없는 창의성을 개발할 기회를 제공하고 그래서 조기 퇴직이나 정리해고 후에 그 창의성을 더욱 개발할 수 있게 해준다.

이것은 정보 시대의 역설이다. 세상이 인터넷으로 연결되고, 상거래에서 인터넷의 역할이 커지고, 종업원의 태도가 보다 국제화가 되면서, 지역사회와 지방사회의 심리적·사회적 중요성이 더 커지고 있다. 이웃들과의 친분, 클럽, 모임, 교회, 기타 공식 비공식 형태의 참여를 통해 사람들의 개성을 표현한다. 이러한 활동들은 직장에서 요구하는 직장에서 요구되는 행동과는 다른 인간적 대화의 장을 제공한다. 사람들은 세계화의 압박에서 벗어나 보다 비공식적인 그 지역사회에 기반을 둔 아이덴티티를 찾을 수 있다. 매스 커뮤니케이션과 세계화된 고용시장에도 불구하고 지방신문들이 지속적으로 성장하고 있다는 사실이 이를 가장 잘 보여준다. 개인 네트워크의 장으로서 지역사회는 글로벌 기업 동물원에서도 계속 번성한다.

글로벌 경제에서의 지방

- 개인적 소속감
- 공통 관심사의 사회
- 지역 사회 '브랜드'
- 일과 무관한 '진정한' 아이덴티티
- 서비스 인프라
- 삶의 질

국가의 경쟁력 우위—규모가 중요한가?

제조업 시대에는 대형 국내 시장이 필요했다. 국내 시장에서 규모의 경제가 통했다. 국내 시장이 포화되면 기업들은 상품과 서비스를 수출했다. 이런 경영 기법이 널이 사용되었다. 국내 시장을 기반으로 기업들은 해외 시장을 개척했다. 이 형태가 기업의 문화와 운영 방법을 결정했다. 대기업들의 운영 방식에 이것이 나타나 있다. 그런데 진정한 트랜스내셔널 또는 인터내셔널 기업은 얼마나 될까? 기업의 본사와 이사회, 고위 경영진은 국내에 위치한다. 그러나 정보 시대에 인터넷의 급속한 확산으로 세계화의 힘이 이러한 개념을 파괴하고 있다. 많은 대기업들이 트랜스내셔널 경영 팀을 구축하고 있다. 세계 주요 기업들에게 매력적인 장소를 제공하기 위해서 각 국가는 어떻게 경쟁해야 할까? 기업들에게 유리한 환경을 어떻게 제공할 수 있을까?

전통적 시각에서 보면 저임금의 노동력, 약화된 노조 활동, 세금 혜택 등이 될 것이다. 물론 일부 기업에게는 이것이 아주 좋은 조건이 된다. 이것이 중국과 동남아시아 '호랑이' 국가가 빠른 경제 성장을 이룰 수 있었던 이유이다. 표준화된 상품과 서비스를 대량으로 생산할 공장을 설립할 때 이런 요소들은 아주 중요하게 간주된다. 상품의 수명이 짧고 대량 생산 기술이 아주 중요할 때, 상대적으로 낮은 임금은 큰 메리트다.

그러나 지식 기반 정보 기업에서는 사정이 다르다. 경쟁력 우위를 위한 두뇌력과 비교했을 때 인건비의 중요성은 빛이 바랜다. 세계화가 가속화되면서 작은 규모의 국가 경제가 대규모 국가 경제보다 여러 가지로 유리한 면이 있다. 우선, 소규모 국가 경제에는 '커뮤니티'와 '협력' 문화가 있다. 이것은 그 나라의 조직 모델에도 나타나고 경영 문화에도 담겨진다. 고용자와 종업원 간의 관계는 보다 협력적이고 서로를 신뢰하므로 어떤 기준 내에서 논쟁이 해결된다. 이렇게 높은 신뢰는 애사심과 충성심을 조장한다. 보다 넓은 맥락의 정치 환경과 국민과 오픈된 대화를 할 수 있는 정부의 역할로 이러한 분위기는 더욱 강화된다. 이러한 국가 정부들은 국민 개개인의 참여를 허용하고 정치적 결정과 개인 생활의 관계는 보다 투명하다. 다시 말해서 정치가들이 자신의 행동에 대해 책임을 지는 체제를 지닌다. 이러한 환경에서 인적 자산으로서 각 개인은 보다 더 중요하게 여겨지고 존중받으며, 그들의 교육과 훈련비는 비용이 아니라 투자로 인식된다. 개인들의 생산성을 개선하는 교육도 경제 성장과 국민들의 삶의 질을 높이는 주요 수단으로 간주된다. 각 개인은 모든 국민의 복지에 기여할 가능성을 가지고 있다고 여겨진다.

국가 경쟁력

	2000	1998
﹥핀란드	1	2
﹥미국	2	1
﹥독일	3	4
﹥네덜란드	4	3
﹥스위스	5	9
﹥덴마크	6	8
﹥스웨덴	7	7
﹥영국	8	5
﹥싱가포르	9	10
﹥호주	10	15

자료: 세계경제포럼 2000

스칸디나비아 국가들이 아주 좋은 예를 보여준다. 전통적으로 이 국가들의 실업률은 매우 낮다. 성인의 문맹률은 세계에서 가장 낮다. 범죄율과 사회질서 파괴 사례는 비교적 낮아 매우 평등한 사회의 면모를 보여준다. 미국과 영국 기타 선진국에서 볼 수 있는 종류의 눈에 띄는 사회 소외 현상도 없다. 스웨덴과 핀란드, 노르웨이의 세율은 매우 높다. 종업원들의 노조는 활성화되어 있고, 각 국가에는 대규모 공공 분야가 있고 국가 복지 제도가 있어 GDP의 많은 부분을 흡수한다. 이 국가의 정부들은 기업들을 강력하게 규제한다. 가족 중심 법과 근무 시간 법이 모두 시행된다. 기업의 의사결정에서 노조들은 매우 중요한 역할을 한다. 요약해서 말하면 스칸디나비아 국가들은 많은 영국과 미국 기업 컨설턴트들이 말하는 긍정적인 기업 환경의 반대되는 특성을 모두 가지고 있다. 이들 컨설턴트들은 공통적으로 낮은 세율과 국가 복지 삭감, 정부 간섭 완화, 노조 운동 약화 등을 좋은 기업 환경으로 꼽는다.

그러나 스칸디나비아 국가들은 정보 시대 기술의 첨단을 달린다. 2001년 가을에 실시된 OECD 조사에 따르면 스웨덴과 핀란드가 세계에서 가장 발달된 지식 경제임이 밝혀졌다. 이 두 나라의 가구당 인터넷 보급률과 휴대폰 사용률이 가장 높았다. 동시에 상품 특허 등록, R&D, 기술 혁신 기록에서도 세계 최고를 보인다. 스웨덴과 핀란드 기업들은 하이테크와 새로운 미디어, 의약품, 생화학기술 연구에서 첨단을 달린다. 벤처 창업에 있어서도 핀란드는 놀라운 기록을 보인다.

오늘날의 글로벌 경제에서 유럽과 미국의 정보기반 경제들은 자국민의 지식 능력을 개발해야만 효과적으로 경쟁할 수 있다. 이를 위해서는 교육 시스템과 평생 학습 기술을 개발해야 한다. 그러나 두뇌력만으로는 충분하지 않다. 모든 국가에 머리가 좋은 사람은 무척 많다. 경제 성장을 위해 인간의 지능을 이용하려면 동기가 부여되고 사람을 관리해야 한다. 공통된 기업 목표를 위해 동료들과 협력해서 일할 수 있는 지적 지능을 가진 사람들이 필요하다. 스칸디나비아의 교육 시스템은 이를 가능하게 한다. 이 나라의 교육 시스템은 젊은이들의 정서적 지능과 사회적 지능을 개발함으로써 그렇게 할 수 있다. 작은 국가들이 더 경쟁력이 있는 것은 글로벌 경제에서 그들은 사람에게 투자할 수밖에 없기 때문이다. 이런 체제에서 정부 간섭, 높은 세율, 충분한 기금을 받는 공공 분야가 탄생한다. 깨끗하고, 밝고, 공기도 맑은 동물원의 우리에서 돌보아 줄 때 동물들은 더 높은 성과를 내는 법이다.

_결론

우리 모두가 근본적인 변혁의 시대에 살고 있음은 자명하다. 산업 시대의 제도와 사회 구조, 라이프스타일은 파괴되고 있지만 무엇이 그들을 대신할 것인지는 확실하지 않다. 세계화와 지역주의의 대두와 같은 새로운 갈등이 출현하고 있다. 다양한 사회 구조들을 통합하는 세력이 있으면서 동시에 국가와 지역과 지방간의 차이를 두드러지게 하는 압력이 있다.

이 모든 세계적 변화 중 많은 부분이 미국 주도로 이루어졌다. 그러나 미국에 대한 세계의 적개심이 커지고 있음은 분명한데, 그 적개심의 이유는 미국이 가진 경제적 · 정치적 힘뿐만이 아니라 미국이 내세우는 문화적 가치관과 이상 때문이기도 하다.

미국식 경영 모델은 단기 보상에만 초점을 두고 기업의 다른 투자자들은 완전히 무시하고 오로지 주주들의 돈주머니만을 생각한다. 그리고 미국식 기업 모델은 어떤 국가 정부나 지역사회에 대해 책임을 느끼지 않는다. 그것은 모든 사람들을 불안하게 만든다. 게다가 기업은 탈중앙화된 사업 단위로 기업을 분산하면서 고위 경영자들이 자신의 책임을 종업원들에게 떠넘긴다.

그래서 결코 바보가 아닌 종업원들이 '회사에서 얻어낼 수 있을 만큼 얻어 내자' 라는 편의적인 생각을 갖는 게 당연하다. 장기적 애사심과 충성심은 점점 더 사라진다. 동시에 단기적이고 편의적인 고용 계약

관계는 종업원의 미래를 불확실하게 만들어 불안감을 증폭시킨다. 미래를 계획할 수 없고 어떤 결정을 내릴 수도, 라이프스타일을 형성할 수도 없다.

　대기업 사원들 뿐 아니라 공공 분야 종사자들에게서도 이러한 분위기가 풍긴다. 효율을 높이기 위한 성과 목표와 주요 성공 요소 도입이 프로페셔널리즘을 파괴한다면 오히려 역효과를 낼 수 있다. 이양된 예산은 운영상의 구멍을 만들어 환자와 학생, 보호 대상 아동과 같은 취약하고 '비협조적이고', '어려운' 고객들이 그 구멍에 빠질 수 있다. 성과 목표가 주는 압력은 직원들을 조기 퇴직하게 만들고 병가를 내게 해 결국 인력이 부족하게 되고, 부족한 인력은 해외 선발이나 유치용 교육 프로그램을 통해 충원해야 하는 사태가 벌어진다. 그렇다면 민간 분야의 경영 모델을 공공 분야에 적용하면 효율적일까? 낮은 보수에 민간 기업과 동일한 구조에서 일해야 한다면 도대체 무엇 때문에 젊은 대졸자가 교사가 되거나 사회복지사가 되겠는가? 누구나 돈을 쫓아 움직인다. 공공 분야 조직들은 프로페셔널리즘 윤리에 호소하면서 동시에 직원을 편의적이고 헌신하는 마음이 없는 피고용자로 취급하는 기업 모델을 적용할 수 없다. 정보 시대에 발맞춰 가면서 궁극적으로 사회 통합과 양질의 삶을 향해 가는 다른 유럽국가들에게로 시선을 돌려야 하지 않을까?